체지방이 빠지는 달리기

나카노 제임스 슈이치 지음 · 정숙경 옮김

스트로베리

이 책을 손에 쥔 당신은 최고의 선택을 했습니다.

저 또한 무척 기쁩니다.

왜냐하면, 달리는 사람은 그저 먹는 양을 줄이는 사람이나, 괴로움을 느끼면서도 격렬하게 운동에 도전하는 사람보다, 살을 빼는 데 압도적으로 성공하기 때문입니다.

달리면 빠진다.

어떤 방법으로 달려도 계속 달리면 몸은 변화한다.

이것은 틀림없는 사실입니다.

하지만 살을 빼고 싶어 달리는 사람들을 보면서 수없이 '안타깝다', '이렇게 하면 좀 더 효율적으로 살을 뺄 수 있을 텐데'라고 생각했습니다. 그 방법은 엄청난 것이 아니라 정말 약간의 지식과 대단치 않은 요령입니다.

이 책의 제목은 〈체지방이 빠지는 달리기〉이지만, 저는 마라톤 선수도 아니고 달리기 전문가도 아닙니다.

몸만들기 전문가입니다.

피트니스 선진국인 미국에서 트레이너로 경험을 쌓은 이후

20년 이상 몸과 마음 양면에서 도와주는 트레이너로 수많은 사람을 지도해 왔습니다. 달리는 방법은 물론 스포츠의학, 운동생리학, 심리학, 영양학 등 온갖 지식을 이용하여 고객에게 가장 적합한 훈련을 제안합니다.

체중이 100kg을 넘는 사람부터 30kg대의 연약한 사람, 나이가 70살을 넘은 사람부터 10대 아이까지 다양한 고객이 있습니다. 또한, 올림픽과 하코네 역전 달리기에서 활약하는 최고 육상선수도 지원하며 좀 더 많은 사람에게 도움을 줄 수 있지 않을까 생각했습니다.

정해진 시간 안에 반드시 결과를 내야 하는 예능인이나 모델, 경영인들의 의뢰도 많이 받게 되었습니다.

그런 그들의 진지한 고민 하나하나에 정성껏 대답하며 몸을 바꾸어 가는 과정에서 얻은 지식의 일부를 이 책에서 소개하겠습니다.

……위의 내용을 보면 제가 매우 엄격하고 금욕적인 사항만 요구할 것처럼 보입니다. 하지만 저는 뛰는 것을 아주 싫어했습니다. 게다가 미국에 있을 때는 직업이 트레이너이면서도 체중이 90kg이 넘을 정도로 살이 쪘던 시기도 있습니다. 지금도 단 것을 아주 좋아하고 가장 좋아하는 음식이 타르트입

니다. 출장을 가면 맛있는 음식 찾는 데 여념이 없는 식도락가입니다. 그래서 다이어트 하는 사람의 심정을 누구보다 잘 알고 있습니다.

<체지방이 빠지는 달리기>는 몸 전문가이면서 식도락가이며 달리는 것을 아주 싫어했던 제가 어떤 의미에서 저 자신을 위해 펴낸 책이기도 합니다.

<체지방이 빠지는 달리기>에는 3단계가 있습니다.

1단계 : 한 걸음 내디디다

저는 살을 빼고 싶다는 고객에게 가장 효과적인 수단의 하나로 달리기를 제안합니다.

왜냐하면, 가장 손쉬우면서도 확실하게 지방을 연소할 수 있는 운동이기 때문입니다. 하지만 "오늘은 한번 달려볼까요?"라고 말하면 100명 중 100명이 "예? 아니요. 됐습니다!"라고 즉각 대답합니다. 처음부터 "달리기가 좋으니까 본격적으로 시작해보고 싶어요!"라고 말한 사람은 없습니다. 완전히 제로입니다.

이런 말을 들으면 "달리기는 나랑은 안 맞을 것 같다!"며 조금 불안해하는 사람이 있을지도 모릅니다. 하지만 맞을지 맞지 않을지는 어느 정도 뛰어보지 않고서는 모릅니다. 게다가 좀 전에 말한 고객의 대부분은 나중에 뛰는 것이 즐거워 달리기에 푹 빠지게 되었습니다.

2단계 : 습관화한다

달리기를 1년 동안 계속할 수 있는 사람은 4명 중 1명이라 합니다. 이처럼 대다수 사람이 달리기를 지속하지 못합니다. 운동 습관이 없는 사람에게는 특히 문턱이 높습니다.

달리기를 시작한 사람이 포기하는 이유는 가지각색입니다.

"한번 뛰어봤는데 힘들었다"

"일이 바빠서 계속할 수 없다"

"무릎이랑 허리를 다친다"

혹시 이런 이유로 달릴 수 없게 되었다 해도 결코 당신은 근성과 인내심이 부족해서가 아닙니다.

달리기를 습관화하는 데는 필요한 단계가 있습니다. 무엇보다 우선 당신에게 가장 적합한 수준에서 시작하는 것이 중요합니다. 이것을 지키지 않기 때문에 잘 안 되는 것입니다.

3단계 : 몸에 지방을 빼는 자극을 준다

정기적으로 뛸 수 있게 되어도 자기식으로만 일관하기 때문에 체지방을 효율적으로 빼는 데 필요한 사항을 모르고 지나가는 사람이 많습니다. "이렇게 하면 빠진다!"고 진지하게 밀어붙인 것이 오히려 의미가 없었을 뿐만 아니라 몸에 부담만 주게 된 경우도 있을지 모릅니다.

물론 뛰는 것에 익숙해지면 체중도 체지방률도 변동이 없어지고 누구에게나 정체기는 찾아옵니다. 이런 정체기를 타파할 수 있는 확실한 아이디어를 〈다이어트 스위치〉, 〈다이어트 부스트〉로 소개합니다.

이런 정보 중에서 지금 당신이 받아들일 수 있는 것을 하나씩 실험하는 사이에 현재의 당신에게 가장 적합한 〈체지방이 빠지는 달리기〉를 완성할 수 있습니다. 이것을 한번 몸에 익히기만 하면 당신의 몸을 평생 지속해서 유지해줄 것입니다.

이 책이 포기하고 주저앉고 싶은 당신을 격려하고, 도움이 되는 수많은 정보를 제공하여 이상적인 몸으로 인도하는, 말하자면 개인 트레이너와 같은 존재가 되길 기대합니다.

빨리 달리기 위한 것도 아니고, 마라톤을 완주하기 위한 것도 아닌 〈체지방이 빠지는 달리기〉를 저와 함께 시작합시다!

차례

CHAPTER 4 ✖ 더욱 효율적으로 살을 빼기 위한
〈다이어트 부스트-음식 편〉

CHAPTER 1

달리기가
힘들었던 사람의
질문에 대답합니다

실은 그런 사람일수록 달리기에 푹 빠집니다.

"뛰어봤지만 겨우 100m도 제대로 못 뛰어요"

"운동치 처지에서 보자면 달리기는 상당히 문턱이 높아요"

이런 말을 하는 사람이 너무나 많습니다. 이런 말을 들으면 저는 즉각 "속는 셈 치고 조금만 달려보지 않겠습니까?"라고 되묻습니다. 왜냐하면, 달리기는 학생 때 체육수업에서 뒤떨어졌던 사람, 말하자면 운동신경이 둔한 사람일수록 놀라울 만큼 빠져들기 때문입니다.

"그렇게 말하는 거야 쉽지요!" 라며 수상쩍게 생각하시겠지요.

하지만 사실 다이어트와 건강을 유지하기 위해 달리기 시작한 사람이 어느새 마라톤광이 되었다는 이야기는 흔히 들을 수 있습니다. 제 고객 중에도 많은데, 그중에는 50대부터 달리기 시작해 100km 마라톤에 도전하게 된 여성도 있습니다.

그리고 **이 책에서 소개하는 〈체지방이 빠지는 달리기〉는 뛰어난 운동신경이나 스포츠 경험이 필요 없습니다.** 자세한 것은 나중에 소개하겠지만, 지방을 충분히 많이 태우기 위해서는 '천천히 달리는' 것이 가장 효과적이며, 그것은 걷는 것과 마찬가지일 정도로 누구나가 간단히 익힐 수 있는 동작이기 때문입니다.

수영, 테니스, 스키 같은 운동을 잘하기 위해서는 어느 정도 기술이 필요합니다. 도전해 보기는 했지만 '아, 역시 나에게는 힘든 운동이야!'라며 1시간도 되지 않아 포기하는 사람도 많습니다.

'천천히 달리는' 것이라면 어떨까요? 아무리 운동신경이 둔한 사람이라 해도 결심한 그 날부터 시작할 수 있습니다.

또한, **한 주 단위로 성과를 실감할 수 있는 것도 대단히 매력적입니다. 한 번 달릴 때마다 심폐기능이 올라가기 때문에 어느새 지구력이 생깁니다.** 지난주보다 이번 주, 이번 주보다 다음 주가 숨이 차지 않게 되고 다리가 편안하게 앞으로 나가는 등 주 단위로 자기의 수준이 높아지는 것을 체험할 수 있습니다.

이를테면 골프와 테니스라면 아무리 많이 연습하더라도 한 주만에 실력이 오르지는 않습니다. 4~5년 쯤 지나야 겨우 실력 향상을 실감할 수 있는 사람도 있습니다. 운동을 잘 못 하는 사람이라면 더욱 시간이 걸릴지도 모릅니다. 이래서는 의욕도 쉽게 저하됩니다.

스포츠에 좋은 추억이 없었던 사람일수록 달리기로 얻을 수 있는 몸과 마음에 일어나는 극적인 변화에 빠져드는 것 같습니다. 그러고 보니 마스다 아케미 씨나 오자키 요시미 씨 같은 전 올림픽 마라톤 선수들도 "실은 달리기 말고 다른 스포츠는 정말 못해요"라고 말했습니다.

지구력도 근력도 열량 소비량도 달리면 달린 만큼 쑥쑥 늘어납니다.
도전하기 전에 포기하지 말고 우선 한 걸음 내디딥시다!
뜻밖에 잘하는 나를 보고 놀랄 것입니다.

02 * 뚱뚱해서 달릴 자신이 없어요.

우선 활기차게 걷기로 몸을 바꾸어 봅시다.

운동하면 살을 뺄 수 있다. 이것은 누구나 알고 있습니다.

하지만 무거운 몸을 흔들며 뛰어봤자 어차피 계속하지도 못하고, 사람들이 '아, 저 사람 살 빼려고 달리는구나!'하는 눈초리로 힐끔힐끔 보는 것도 부끄럽고……. 이런 불안과 창피함 때문에 첫 걸음을 내딛지 못하는 사람이 많습니다.

'……살을 좀 뺀 뒤에 뛰자'

이렇게 생각하며 지금까지 계속 살 뺄 기회를 놓치기만 했습니다.

모처럼 지금 살을 빼고 싶은 의욕이 생겼는데 또 미루어 버리면 평생 그 몸 그대로입니다. 아무래도 자신이 없다면 외출할 때 조금 빨리 걸어보는 것은 어떨까요.

우리 운동지도자는 명백하게 체중 초과인 고객에 대해 갑자기

"열심히 뛰어서 살을 뺍시다!"라고 절대 말하지 않습니다. 왜냐하면, 운동습관이 없는 사람이 과체중인 상태로 뛰면 부상과 장애라는 커다란 위험을 짊어지기 때문입니다.

뛰는 동작에는 지면에서 두 다리가 떨어지는 순간이 있습니다. 그리고 한쪽 다리가 착지할 때 걸리는 무게는 체중의 약 3배입니다. 체중이 60kg이라면 180kg, 100kg이라면 300kg이라니 충격이지요. 이 무게에 견딜 수 있는 근육이 없는 상태로 달리기 시작하면 무릎과 발목, 발바닥, 혹은 허리에 커다란 스트레스를 주어 순식간에 아플 수도 있습니다. 이래서는 살 빼는 차원의 이야기가 아니게 되는 것이지요.

과체중인 사람, 운동습관이 없는 사람에게는 우선 '달릴 수 있는 몸만들기'를 권합니다. 가장 적합한 방법은 걷기입니다.

'걷기 따위 나이 든 사람이나 하는 것이지. 볼품없어!'라고 생각하는 사람도 있겠지요.

실은 엘리트 러너라 불리는 마라톤 선수들도 본격적으로 뛰기 시작하기 전과 부상에서 복귀한 직후에는 기초적인 근력과 체력을 만들기 위해 걷기부터 시작합니다. 또 일반 사람은 출퇴근과 통학할 때, 또한 휴일에 가까운 곳은 걸어가거나 평소보다 멀리 산책하는 등 일상생활에서 하기 쉬운 점이 큰 매력입니다.

걷기만으로도 매일 반복하면 열량 소비량이 껑충 뛰어오릅니다. 2주일 계속하면 체중에 변화가 나타나는 사람도 있습니다.

또 걷기는 빨리 걸으면 걸을수록 에너지 소비량이 늘어납니다. 활기찬 동작으로 걷기를 계속하면 체지방이 확실히 줄어듭니다. 그 결과 체중이 줄고, 어느새 뛰기 쉬운 체형도 만들어지는 것이지요. 과체중인 사람은 우선 '활기차게 걷기'부터 시작해 보세요.

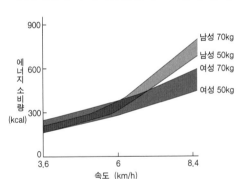

빨리 걸을수록 체지방을 많이 소비할 수 있다

천천히 걸으면(시속 3.6km) 1시간에 소비할 수 있는 에너지가 150~200kcal 정도지만, 조금 빨리 걸으면(시속 6km) 300~400kcal로 배가 증가한다. 더욱 속도를 올려 조금 뛰는 속도로 걸으면(시속 8.4km) 500~750kcal로 껑충 뛰어오른다.

느릿느릿 천천히 걷는 것으로는 그다지 효과를 기대할 수 없습니다. 포인트는 가볍게 숨이 오를 정도의 속도로 팔팔하고 민첩하게 걷는 것입니다. 의식하면서 서서히 보폭을 넓히면 잘할 수 있습니다. 보폭이 넓어지면 엉덩이와 넓적다리에 있는 커다란 근육도 자연스럽게 쓰입니다. 그러면 호흡이 깊어지고 폐는 많은 산소를 받아들여 많은 양의 혈액이 심장에서 하반신으로 보내집니다. 어느새 심폐기능이 단련되고 하반신 근력만이 아니라 지구력 향상에도 대단히 효과가 좋습니다.

'근력과 지구력이 붙으면 뭐가 좋아지지? 나는 살을 빼고 싶은데!'라고 생각하는 사람도 있겠지만 얕잡아보면 안 됩니다. 이 두 가지가 좋아지면 자연히 덜 피곤해집니다. 그러면 귀찮아 무슨 일에도 마음이 내키지 않았던 사람조차 저도 모르는 사이에 활동적이 되고 일상생활에서도 부지런히 몸을 움직이게 됩니다. 그 결과 일일 소비열량도 어느새 증가하므로 몸이 단단히 조여지는 것입니다.

체중이 있는 사람이 가장 걱정하는 무릎 주위를 손쉽게 강화하려면 습관처럼 계단을 사용하기 바랍니다. 계단을 오르내리면 달릴 때와 똑같이 한쪽 다리로 전신을 지탱하는 순간이 있는데, 무릎 관절에 걸리는 부하는 체중의 1.3~1.6배로 반감합니다. 과도한 부하 없이 확실하게 무릎 관절을 지키기 위한 근력을 강화할 수 있습니다. 또한, 걷기 이상으로 다리 힘과 심폐기능을 단

런할 수 있습니다.

에스컬레이터를 멀리하는 것만으로도 몸은 바뀐다

지하철역이나 육교 혹은 근무처와 자택 아파트에서 에스컬레이터와 승강기를 피하고 의식적으로 계단을 사용해 보세요. 걷기 위한 시간을 따로 마련할 수 없는 바쁜 사람에게도 안성맞춤입니다. 올라갈 때는 넓적다리 바깥쪽에 있는 대퇴사두근을 사용하고 내려갈 때는 넓적다리 안쪽에 있는 햄스트링을 사용합니다. 주로 쓰는 근육이 바뀌기 때문에 오르고 내릴 때 한쪽으로 치우치지 않는 것이 포인트입니다.

"뚱뚱해서 살을 빼고 싶다. 하지만 달리기는 자신이 없다……"

저로서는 이런 사람들이야말로 이 책을 읽고 달리기의 상쾌함과 즐거움을 체험했으면 좋겠습니다. 포기하기 전에 우선 하루에 10분, 활기찬 걸음걸이로 걷기를 해 보세요. 그러는 중에 몸이 바뀌고 기분도 적극적으로 바뀌는 것을 느낄 수 있습니다.

03 * 도대체 이런 몸으로
갑자기 달려도 괜찮나요?

곧바로 할 수 있는 간단한 테스트가 있습니다.

달리기를 시작하기로 정한 뒤, 쇠뿔도 단김에 빼랬다고 갑자기 마구 달리는 사람도 뜻밖에 많습니다. 하지만 몇 번 달렸을 뿐인데 무릎과 발목이 아프면 이대로 정말 달려도 괜찮을지 불안해 집니다. 이러면 모처럼 높아진 동기부여도 뚝 떨어지고 맙니다. 걷기 등으로 조금 단련했다 하더라도 운동습관이 없던 사람이 처음 달렸을 때 다리가 느끼는 충격은 과거에 없었던 것일지도 모릅니다.

조금 아파도 참을 수 있다며 고통을 안은 채 달린다 해도 달리는 거리와 시간은 늘릴 수 없으므로 소비 열량은 늘어나지 않습니다. 효과적으로 살을 빼기 위해서라도 달릴 수 있는 몸만들기는 중요합니다.

어느 정도의 시간과 거리를 달릴 수 있는 최소한의 근력을 갖추고 있는지 없는지를 알기 위한 간단한 테스트를 해봅시다.

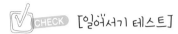 CHECK [일어서기 테스트]

의자에 살짝 걸터앉아 가슴 앞에서 팔짱을 낀다. 왼쪽 다리를 앞으로 쭉 뻗어 내밀고, 반동을 사용하지 않고 오른 다리만으로 천천히 일어난다. 다른 한쪽 다리도 마찬가지로 한다.

의자의 높이는 20대 남성은 20cm, 여성은 30cm, 30대 남성은 30cm, 여성은 40cm로 한다. 40대~60대는 남녀모두 40cm가 기준이다. 의자가 낮을수록 강도가 높다.

이 테스트를 했으면 다음 2가지로 판단합니다.

① 양쪽 다리 모두 균형을 잃지 않고 일어서기 테스트를 할 수 있다.

② 한쪽 다리로 서 있는 상태로 몸의 중심을 잃지 않고 원활하게 양말을 신을 수 있다.

이것이 모두 가능하다면 달려도 좋습니다. 어디까지나 최소한의 판단이므로 일상생활에서 활기차게 걷기와 적극적인 계단 오르내리기는 계속하도록 합시다. 이것으로 달리는 거리와 시간을 조금씩 늘려나가면 좋은 속도로 다리의 힘이 붙습니다.

여유가 생기면 무릎 통증 예방 근력운동(P237 참조)을 도입해도 좋습니다. 근력운동은 귀찮고 잘 못 하겠다고 생각하는 사람은 에어 체어(P226 참조)만이라도 시험해 보세요. 이 근력운동은 똑같은 자세를 유지하는 것으로 부하를 거는 것이 특징입니다.

'가만히 있는 것만으로 효과가 있나요?'라고 의아해할지도 모르지만, 평소에 사용하지 않는 근육이 깨어나 효과적으로 다리의 힘을 키울 수 있습니다.

우리 몸은 본래 있는 근육의 60~70% 정도로 활동하고 있습니다. 이 근력운동은 근력을 계속 끄집어내기 때문에 오래 하는 만큼 근육은 피폐해집니다. 그러면 지금까지 잠자고 있던 근육이 '우리도 가동해야만 돼!'라며 차례차례 잠에서 깨어나고, 많은 근육이 활성화합니다.

나태해져 있던 근육에 자극을 주는 것만으로 다리의 힘이 향상됩니다. 믿음직스럽지 못했던 무릎 부근도 더욱 안정되어 갑니다. 단 호흡을 멈추면 혈압도 올라가므로 호흡을 멈추지 않도록 주의하세요.

04 * 달리면 금방 피곤해져요

속도를 늦추면 괜찮습니다.

막상 달리기 시작해도 금방 피곤해지고 마는 경우 2가지 대책을 생각할 수 있습니다. 호흡은 고통스럽지 않은데 다리가 앞으로 나가지 않는 사람은 근지구력을 단련하는 근력 트레이닝이 효과적입니다. 다리는 괜찮아도 호흡이 헐떡헐떡 숨이 차는 사람은 느리고 빠름을 조절하며 달리는 인터벌 트레이닝으로 심폐기능을 단련합시다!

……라고 말하고 싶지만, 지금은 달리는 것만으로도 급급한 처지입니다.

또한, 근력 트레이닝과 인터벌 트레이닝은 귀찮고 성가시다, 혹은 그런 거 어려워서 못한다고 말하는 사람이 많습니다.

그렇다면 어떻게 할까요?

대답은 간단합니다. 격렬한 피로를 느끼지 않는 속도까지 늦추면 됩니다.

도중에 걷는 것도 좋고, 걷고 달리고를 몇 분씩 반복해도 좋습니다. 빨리 달리다가 목표 거리를 완주할 수 없다며 도중에 멈추는 것보다 끝까지 달릴 수 있는 속도로 목표 거리를 완주하는 편이 확실히 많은 지방을 태울 수 있습니다.

05 * 여러 번 달려봤지만
계속하는 게 힘들어요.

단 2주일 동안이라도 몸은 바뀝니다!

주 2~3회 정도만 달리기 시작해도 2주일만 지나면 몸이 바뀝니다.

이렇게 말하면 "아니요, 몸무게도 체질량 지수도 바뀌지 않았어요!", "오히려 늘었어요!"라고 항의하는 소리가 들려옵니다. 하지만 프로 트레이너로서 단언합니다.

실은 2주 사이에 확실하게 '살이 빠지게 하는 스위치'가 켜집니다.

한 달 안에 5kg 살을 빼고 싶다고 생각하면 아무래도 날마다 체중과 체지방률의 변동에만 눈이 가기 쉽습니다. 하지만 자신의 몸을 깊이 다시 관찰하세요. 뭔가 변화가 느껴지지 않습니까?

낯빛이 좋아졌다, 계단에서 숨을 헐떡이지 않게 되었다, 달릴 때 편안하게 다리가 앞으로 나오게 되었다, ······이런 변화를 실감하기 시작하는 기준이 2주일 정도입니다.

이것은 절대 기분 탓이 아닙니다. 달릴 때마다 혈액 순환이 개선되어 심폐기능이 좋아진 성과이고, 지금까지 계속해온 것에 대한 상입니다.

심폐기능이란 산소를 받아들이는 폐의 기능과 혈액을 온몸으로 내보내는 심장의 기능을 말합니다. 지방을 태우려면 산소가 필요하고, 완전히 몸에 받아들이면 지방을 효율적으로 에너지로 바꾸어 줍니다. 그러면 지방 소비량이 올라갑니다. 즉 심폐기능의 향상은 효율적으로 지방을 태우는 스위치가 켜졌다는 증거입니다.

2주 동안 체중에 변화가 없다고 '역시 나는 살을 뺄 수 없잖아!'라며 내던져 버리면 정말 아깝습니다. 당신의 몸에 붙은 지방은 몇 년에 걸쳐 겹겹이 쌓아온 식생활과 운동습관에 따라 만들어진 결정체입니다. 그것이 단 2주 만에 연소 상태로 바뀌다니 정말 대단한 변화 아닙니까!

심폐기능을 재는 기준의 하나로 최대산소섭취량(VO_2max)이 있습니다. 이것은 체중 1kg에 대해 근육이 1분 동안 얼마나 많은 산소를 섭취할 수 있는가를 수치화한 것입니다. 설비가 갖추어진

스포츠클럽을 이용하는 사람은 달리기를 시작하기 전에 러닝머신의 체력측정 기능에서 수치를 확인해 두면 좋습니다.

정기적으로 측정하면 눈에 띄게 수치가 바뀝니다. 이러한 변화를 실감하는 것도 동기부여 향상으로 이어지니까요.

06 ＊ 빠른 속도로 달리면
살이 확 빠지겠지요?

조급한 마음에 서두르다가 살 빼는 효율을 떨어뜨리지 않도록

속도를 올려 달리면 자세가 활기차게 역동적이 되고 온몸의 근육도 총동원됩니다. 심장 또한 한껏 움직여 혈액을 온몸으로 돌리고 땀도 뿜어 나옵니다.

"역시 슬렁슬렁 뛰는 것보다 빨리 뛰는 게 짧은 시간에 많은 열량을 소비하는 것 같아요!"

이것은 운동 경험이 있는 사람에게 자주 듣는 말입니다. 마음은 '아, 열심히 하고 계시군요!'라며 무조건 칭찬하고 싶지만, 유감스럽게도 〈체지방이 빠지는 달리기〉에서는 완전히 벗어나 있습니다. 어째서일까요?

목적이 마라톤이고 자기의 최고기록 경신이라면 빨리 달리는 훈련도 효과적입니다. 하지만 몸에 쌓인 지방을 효율적으로 태우고 싶다면 숨이 찰 만큼 빨리 달리는 것은 역효과입니다. 어느 정도 편안하게 달렸을 때가 오히려 지방이 우선 소비되기 때문입니다.

앞에서 말했듯이 체지방을 에너지원으로 바꾸려면 산소가 필요합니다. 몸 안의 지방질은 우선 지방세포 안에서 분해되어 근육으로 운반됩니다. 더욱 근육 세포 안에서 산소를 사용해 에너지로 변환되고 연소해 가기(=유산소운동) 때문입니다.

하지만 운동이 격렬해지면 연소에 이렇게 시간이 걸리는 지방이 아니라 손쉽게 빨리 에너지가 되는 당을 사용합니다(=무산소운동). 천천히 뛰면 몸 안에 있는 당질과 지방질이 사용되는 비율이 반반 정도인데, 이른바 전력질주 등을 하면 지방질이 사용되는 비율이 10% 정도까지 급격히 감소합니다. 이것이 무산소운동보다 유산소운동이 체지방을 태운다고 말하는 이유입니다.

또한, 잘 생각해보기 바랍니다. 숨이 찰 만큼 빨리 달리면 금방 피곤해져 오래 달릴 수 없지요? 뛰는 거리와 시간을 길게 하면 할수록 많은 지방을 소비할 수 있으므로 짧은 시간에 지치면 높은 효과는 기대할 수 없습니다.

헐떡거리며 온 힘을 다해 달렸는데 지방은 그다지 줄지 않고 역시 달리기는 힘들어, 나에게는 무리야 하는 부정적인 생각만 늘어납니다. 이래서는 모처럼 달렸는데 손해만 볼 뿐입니다. 육체적인 피로감만으로는 다이어트로 이어지지 않습니다. 무리하지 않는 것이 바로 성공의 비결입니다.

07 * 달리면 다리가 굵어진다는데 진짜인가요?

아니요. 오히려 단단히 조여집니다!

"한 달에 한 번 뛰는 것만으로 모델 체형을 만들 방법은 없나요?"

최근 받은 질문입니다.

정말이지 잠깐동안 대답하기가 곤란했습니다.

"글쎄요, 달려도 다리 길이는 바뀌지 않으니까요⋯⋯. 얼굴 지방이 줄어 얼굴이 좀 작아질지는 모르지만, 그것도 한 달에 한 번으로는 어렵겠지요"

"⋯⋯그런가요. 그럼 한 주에 한 번은요?"

"한 주에 한 번이라도 아무것도 안 하는 것보다야 좋겠지만⋯⋯. 가능하면 2~3일 빨리 걷기를 같이 할 수 있으면 좋겠네요."

"아, 그거 좋아요! 그거라면 계속할 수 있을 것 같아요! 실은 달리면 다리가 굵어진다고 들어서 많이 달리고 싶지 않아요."

이 말에 깜짝 놀랐습니다.

시간이 없거나 체력이 힘들어서 어려운 걸까 생각했더니 다리가 굵어질까봐 정기적으로 뛰고 싶지 않은 것이었다니요.

여성잡지의 취재를 받을 때 관계자로부터 우락부락한 근육질이 되고 싶지 않기 때문에 여성은 격렬한 근력 트레이닝을 하지 않는다는 이야기를 자주 듣습니다.

딱 잘라 말하겠습니다.

남성 호르몬 주사라도 맞지 않는 한 여성이 일반적인 근육운동으로 울퉁불퉁한 근육질이 되지는 않습니다! 특정 부위의 근섬유를 굵게 하는데 특화된 근육 훈련조차 여성 몸의 근육을 단련하는 것은 어렵습니다. 달리기로 눈에 띌 만큼 다리가 굵어지게 될 일은 없습니다.

혹시 지금까지 달렸더니 다리가 두꺼워졌다고 느낀 적이 있다면 이유는 다음 2가지를 생각할 수 있습니다.

① 피하지방이 줄어들지 않은 상태로 근육이 붙었다

달리는 횟수와 거리가 늘어나도 먹는 양까지 늘어나면 지방 연소가 따라가지 못합니다. 달리기하고 있다는 생각에 안심하고 전보다 너무 많이 먹는 것은 아닙니까?

② 달리고 난 직후 다리가 펌프 업 되어 있다

달리고 난 직후의 장딴지를 보고 살이 쪘다고 착각하고 있지 않습니까?

근육을 움직이면 그 부위에 에너지 원료를 운반하는 혈액이 모입니다. 그러면 일시적이지만 물집이 생긴 것처럼 빵빵하게 팽팽해지는 펌프 업이라는 현상이 생깁니다. 이것은 몸을 격렬하게 움직인 직후에 생긴 현상이므로 안심해도 좋습니다. 곧 원래 상태로 되돌아갑니다.

두꺼운 지방으로 다리를 덮고 있을까, 근육으로 단단히 조일까

애당초 달리면 다리가 두꺼워진다고 잘못 생각한 것이야말로 다리를 두껍게 하는 원인입니다. 하반신 근육은 몸 전체 근육의 약 70%를 차지합니다. 따라서 하반신 운동을 하지 않으면 근육은 점점 줄어들기만 합니다. 다리 근육량이 적으면 다리 선은 지방으로 완전히 휩싸여 물렁물렁 늘어집니다. 게다가 쉽게 피곤해지므로 곧 앉고 싶어지고 오랫동안 걸을 수 없는 등 활동량은 계속 줄어들게 됩니다. 자연히 열량을 소비하기 어려운 에너지보존 체질이 될 뿐입니다.

전기 소비량을 줄이는 에너지절약이라면 가계에 보탬이 되지만, 몸에 붙은 지방 소비량이 줄어드는 에너지절약 따위 반갑지 않습니다.

또한, 잘 알려진 것처럼 장딴지는 '제2의 심장'이라 합니다. 왜냐하면, 발까지 내려간 혈액을 다시 심장으로 되돌리는 밀킹 액션이라는 역할을 담당하기 때문입니다. 하지만 장딴지의 근육량이 적으면 오래된 혈액과 노폐물이 머물기 쉬워집니다. 이것이 부종으로 이어지고 살이 찐 것처럼 보이게 되지요. 또한, 냉병도 유발하여 점점 더 에너지를 소비하기 어려운 체질이 되겠지요.

다리의 근육량이 적은 사람일수록 소비 열량도 적기 때문에 조금만 많이 먹어도 살이 찌기 쉬워집니다. 그러므로 애써 지방을 줄였다 해도 원래 체형으로 되돌아가기 쉽습니다. 이래서는 영원히 살 빼지 못하는 고리에서 졸업할 수 없습니다.

다리를 단단히 조이고 싶으면 달립시다!

아울러 늘 변비가 잦아 볼록 나온 아랫배가 마음에 걸리는 여성은 달리기의 적극적인 효과를 빨리 실감할 수 있습니다. 달릴 때의 진동으로 장이 움직여 눈 깜짝할 사이에 변비가 좋아졌다는 소리를 자주 듣습니다.

살을 빼기 위해 달려본 고객에게 "본격적으로 달려보지 않겠습니까?"라고 제안하면 자주 듣는 소리가 있습니다.

"달리는 건 좋지만, 식사를 줄이는 건 무리예요!"

"달린 뒤에 마시는 맥주는 참을 수 없이 좋고, 달리면 밥맛이 좋아져서 오히려 살을 더 뺄 수 없어요"

이런 의견들입니다.

그렇습니다. 실제로 식사량을 확 줄이기만 하는 다이어트는 오래갈 수 없습니다.

하지만 이것이 의지와는 상관없는 욕구였다면 어떨까요.

당신이 필요 이상으로 먹고 마시고 살이 찌는 원인은, 실은 식욕을 관장하는 '뇌'의 오작동일지도 모릅니다.

뇌의 시상하부에는 몸을 가장 알맞은 상태로 맞추기 위한 기능이 갖추어져 있습니다. 식욕도 시상하부의 섭식중추와 만복중추의 활동이 깊이 관여하며 여기서 통제하고 조절합니다.

이를테면 몸을 움직이면 혈액에 포함된 당이 에너지로 사용되어 혈당수치가 낮아집니다. 동시에 에너지를 지방으로 축적하기 위해 작동하는 호르몬인 인슐린의 농도가 저하합니다. 그러면 몸에 붙은 근육과 지방이 분해되어 부족한 에너지를 보충합니다.

이렇게 해서 혈중의 지방산이 증가하면 섭식중추에서 '배고파!'라는 신호가 생겨 식욕이 솟습니다. 그래서 밥을 먹으면 혈당치와 인슐린의 농도가 올라가고 만복중추가 작동합니다. '배부르다!'고 느끼기 때문에 식욕은 가라앉습니다. 하지만 생활습관과 식생활이 흐트러지면 차츰 섭식중추와 만복중추가 오작동을 일으키게 됩니다. 이렇게 만복감을 얻을 수 없게 된 사람은 필요 이상으로 먹는(=오버 칼로리) 상태로 빠져버립니다.

이 오작동을 본래 상태로 되돌리려면 자기의 식욕을 한번 의심해 보는 것이 효과적입니다. '지금 정말 배가 고픈 것일까?', '맛있게 먹을 수 있는가?'를 머릿속으로 되새겨 보면 가짜 식욕이 사라지기 쉽습니다.

정상	오작동하면
에너지가 부족 〈섭식중추가 작동〉 '배고파!'	에너지가 가득 〈섭식중추가 오작동〉 '배고파!'

밥을 먹는다 〈만복중추가 작동〉	밥을 먹는다 〈만복중추가 오작동〉

'배부르다!'	'아직도 먹고 싶어……'

이를테면 '달리고 난 뒤 맥주 한잔'이라는 습관에 빠져있지는 않는지요?

달린 뒤 작은 컵 한 잔 정도라면 몸 안에 스며드는 것처럼 맛있겠지만, 큰 생맥주 잔으로 한 잔은 많지 않을까요? 뚱뚱해져도 끊을 수 없을 만큼 맛있다고 마냥 생각하고 있는 건 아닐까요?

저의 고객을 보아도 처음에는 "달린 뒤 마시는 맥주를 그만두지 못하겠어요"라고 말한 사람도 "애써 달렸는데 이렇게 맥주를 많이 마시면 의미가 없겠지요. 역시 노력을 헛되게 하기는 싫으니까요"라며 생각이 바뀌었습니다.

점점 마시는 맥주의 양을 줄이거나 기름진 안주를 풋콩이나 두부 등으로 바꾸었습니다. 먹는 양이 줄어드는 게 아니라 자기 안에서 '달린 노력'과 '식욕'의 수지를 계산하고 자연히 적정한 양과 내용을 생각할 수 있게 됩니다.

'그렇다 해도 마실 수 없다는 건 정말 힘들어요'

이렇게 생각한 사람도 분명 있을 겁니다. 안심하세요.

물론 완전히 맥주를 끊을 필요는 없습니다.

참는 게 아니라 생각없이 일단 입에 음식을 집어넣는 습관을 없애는 일이 중요합니다. 한 번 생각해 보고 그래도 '오늘은 맥주!' 혹은 '라면!'이라면 물론 먹고 마시면 됩니다!

그때는 뇌의 오작동이 아니라 몸이 필요로 하고 있기 때문입니다.

아니요. 빠지지 않습니다!

걷는 것만으로도 땀이 나는 계절에도 긴 팔과 긴 바지 복장으로 달리는 여성을 자주 볼 수 있습니다. 새빨간 얼굴로 땀투성이가 되어 달리는 여성을 스쳐 지날 때마다 안타까운 생각이 듭니다. "그렇게 두꺼운 옷을 입고 달려봤자 살은 빠지지 않아요!"라고 말해주고 싶어 좀이 쑤십니다.

결론부터 말하자면 흘린 땀의 양과 지방연소율은 전혀 비례하지 않습니다.

다양한 상황에서 질문을 받을 때마다 저는 "땀을 많이 흘려도 살은 빠지지 않습니다", "사우나 복을 입어도 지방연소율은 올라가지 않습니다"라고 끊임없이 대답해 왔습니다. 몇 년이 흘러도 말끔히 없어지지 않는 '땀과 다이어트'의 오해에 관해 설명하겠습니다.

땀을 흘리는 것은 체내에 가득 찬 열을 방출하고 적정한 체온을 유지하기 위해 일어나는 일입니다. 결코, 체내에서 지방이 활활 타고 있어서 땀을 흘리는 것이 아닙니다. 물론 땀을 흘려 체중이 줄어도 살이 빠진 것은 아닙니다. 살이 빠지는 것은 지방을 연소하고 소비하는 것이지 일시적으로 수분이 빠지는 것이 아닙니다.

원래 달리면서 의도적으로 땀을 흘리려고 하면 몸에 강한 부하가 걸려 지방을 연소하고 소비하는 효율은 떨어지고 맙니다. 이를테면 땀복을 입고 사우나와 핫 요가 직후에 달린다거나 핫팩을 잔뜩 붙인다거나 비닐 랩을 온몸에 감는 사람마저 있는데, 무엇을 해도 그저 고통스러운 경험일 뿐입니다. 살을 빼는 효과는 얻을 수 없습니다.

……이렇게 말하면 "그래도 복싱선수는 땀복을 입고 뛰잖아요. 살 빼기 위해 그러는 것 아닌가요?"라고 반론합니다.

복서는 우선 근육을 붙여 힘을 키웁니다. 그리고 몸무게를 재는 날까지 가능한 한 그 힘을 계속 유지하며 규정 체중까지 몸무게를 떨어뜨립니다. 머리카락이나 손톱을 깎고 그야말로 침을 뱉어서라도 몸무게를 뺍니다. 격렬한 훈련도 하므로 지방도 조금 빠지지만 줄어든 무게 대부분은 수분입니다.

그들이 한계선까지 땀을 짜내는 것은 엄중한 시합을 이겨내기 위해 몸과 마음을 단련하는 의미일지도 모릅니다.

10 * 다이어트 신발을 신고 달리면 안 되나요?

신발은 반드시 제대로 된 것으로

"달리는 김에 몸매도 좋아졌으면 싶어서 신는 것만으로 힙 업 효과가 있다는 워킹 신발을 샀어요!"

라고 말하는, 대기업에서 매우 바쁜 나날을 보내는 40대 여성이 있었습니다. 그 마음은 아주 잘 헤아릴 수 있습니다. 숨 쉴 틈도 없이 바쁜 중에 시간을 만들어 달리니 일거양득의 효과를 노리고 싶겠지요.

하지만 유감스럽게도 〈체지방이 빠지는 달리기〉와는 아주 멀어지는 얘기입니다. 똑같은 이유로 "달리기만 한다면 어떤 운동화라도 마찬가지 아닌가요?"라며 현관에 있는 적당한 운동화를 신고 뛰는 사람도 오늘부터 그만두시기 바랍니다.

워킹 신발은 걷기 위해, 화려하고 세련된 운동화는 패션을 위해 만들어진 것입니다. 둘 다 지속해서 달리기에는 적합하지 않은 구조로 되어 있습니다. 축구시합에서 "같은 운동화니까 괜찮아!"라며 등산화를 신고 뛰는 사람은 없습니다.

골프와 아이스스케이트 등의 신발과 마찬가지로 달리기용 신발에는 뛰기에 적합한 다양한 기능이 탑재되어 있습니다. 이를테면 신발 바닥에는 착지의 격렬한 충격을 흡수하고 이용하여 다음 한 걸음을 편안하게 내디딜 수 있는 소재를 쓰고 있습니다.

달리기에 적합하지 않은 신발로 계속 뛰면 당연히 근육과 관절에 쓸데없는 부하가 걸리고, 자세가 망가지거나 근육에 문제가 생기기도 합니다. 그래도 참고 계속 달리면 심한 부분 피로와 부상으로 이어지고, 살이 빠지기는커녕 달릴 수 없게 되거나 혹은 달리는 게 싫어지게 됩니다.

기능이 좋은 달리기용 신발의 경우 10만 원 전후의 가격입니다. '기껏해야 달리는 것뿐인데 너무 비싸네요!'라고 생각할지도 모릅니다. 하지만 신발은 해마다 놀랄 만큼 발전하여 쾌적하고 달리기 쉽게 만들어집니다. 정말 날개를 단 듯 가뿐가뿐 앞으로 나가는 기분에 깜짝 놀랄 것입니다.

게다가 디자인까지 멋있습니다. 마음에 드는 신발에 발을 집어넣으면 그것만으로도 달리기를 하고 싶은 마음이 생깁니다. 하고 싶은 마음이 생기면 달리는 거리도 소비 열량도 어느새 훌쩍 올라갑니다. 이 이상 이득인 다이어트 상품은 없지 않습니까?

"꾸준히 계속하는 걸 잘 못 해요. 오히려 한 주에 이틀 정도 체력의 한계를 느낄 때까지 달리는 편이 단숨에 소비 열량이 늘어나 효율이 높을 거로 생각해요"

이 책을 위해 취재한 어느 남성에게 들은 말입니다. 주 2일 달리기로 살을 뺄 수 있다면 한계점까지 달려도 좋다는 말인데, 한계라고 말하는 시점에 상당한 무리가 있습니다. 매번 한계까지 밀어붙이면 습관화하기 어렵습니다. 결국은 이벤트성으로 한 달에 며칠밖에 뛰지 못하고 월간 소비 열량은 그다지 올라가지 않을 게 뻔한 결과입니다.

지금까지 많은 고객과 접해온 바로는 '조금만 더 달렸으면 좋겠다고 느낄 때 끝내는 사람이 습관을 더 잘 들일 수 있었습니다. 조금 양이 덜 찼을 때 단호하게 그만두면, 몸과 마음에 남는 피로가 비교적 적고 기분 좋은 느낌으로 끝낼 수 있습니다. 이것이 다음 날도 달리고자 하는 의욕으로 이어지기 때문입니다.

몇 번이나 말하지만 아무리 고되게 달려도 하루아침에 살이 빠지지는 않습니다. 그것보다 **고통을 느끼지 않을 정도로 천천히 달리고 또 달리고 싶다, 좀 더 달리고 싶다는 동기 부여를 유지하는 편이 훨씬 성공률이 높습니다.**

물론 성격에 따라 예외도 있을 수 있겠지요. '한계점까지 뛰지 않으면 뛴 것 같지 않아', '도중에 그만둔 것 같아 기분이 개운하지 않아'라고 느끼는 사람도 있습니다. 좀 이상하게 생각할 사람도 있을지 모르지만, 저 자신도 토하기 직전까지 밀어붙이고 나서야 하루를 기분 좋게 끝낼 수 있는 유형입니다. 이런 유형은 성취감을 중요하게 생각하는 사람에게 많이 나타납니다.

그런 사람은 이를테면 시간이 많은 주말에 자신이 이해할 수 있을 때까지 오랜 시간 달리는 것도 좋겠지요. 단 가볍게 숨을 헐떡거릴 정도의 느린 속도를 유지하는 것이 좋습니다. **숨이 너무 차면 긴 거리를 달릴 수 없게 되고 지방연소율도 내려갑니다.** 애써 달려도 고통스럽기만 할 뿐 소비열량이 낮다면 안타까운 일입니다.

12 * 여러 번 달려봤지만,
무릎과 발목이 아파서 무서워요

통증 예방책을 받아들입시다!

"몇 번 달려보고 꽤 할 수 있겠다는 생각에 단숨에 거리를 늘렸더니 통증이 찾아왔어요"

이것은 학생 시절 운동부에 속해 있던 사람에게서 자주 듣는 말입니다. 아스팔트나 돌로 포장된 단단한 길바닥을 달리는 게 무서운 사람도 많은 모양입니다.

가장 염려되는 것은 역시 무릎입니다. 실제로 무릎은 러너스니(runner's knee, 장경인대염)를 필두로 달리기에서 가장 장애를 일으키기 쉬운 부위입니다.

무릎관절은 넓적다리뼈와 정강이뼈를 인대로 서로 연결하고, 또한 움직일 때도 무릎이 안정되도록 넓적다리의 커다란 근육이 지원하고 있습니다. 넓적다리의 근육이 쇠약해진 상태로 달리면 무릎이 불안정해지고 부하가 인대에 집중하게 됩니다. 때로는 인대만이 아니라 반월판 등의 연골조직에도 영향을 주어 장애를 부르는 일마저 있습니다.

무릎 외에 통증을 느끼기 쉬운 곳은 발목과 발바닥, 발뒤꿈치, 그리고 허리입니다. 발목과 발바닥은 몸의 제일 끝에서 체중을 지탱하는 부위이므로 당연히 부담이 큽니다. 발뒤꿈치는 젊었을 때는 지방층이 완충 작용을 하지만, 나이를 먹으면서 지방층이 딱딱해지면 착지할 때의 충격을 직접 받아 통증으로 이어집니다. 허리는 허리 주변의 근육이 약해진 것 외에도 엉덩이의 근력과 유연성 부족이 원인인 경우도 자주 있습니다.

가장 좋은 예방 방법은 역시 하반신의 근력을 기르는 것입니다. 무릎에 부담을 주지 않고 달릴 수 있는 다리를 만드는 트레이닝 I(P226 참조)을 시험해보고 통증이 없으면 계속합시다. 운동 습관이 전혀 없는 사람이 달리기 위한 근육을 충분히 기르려면 최저 3개월은 걸립니다. 부상과 장애가 불안한 사람은 일상생활에서 씩씩하고 민첩하게 걷기와 계단 오르내리기와 함께 조금씩 뛰는 거리를 늘려가는 것이 가장 좋은 방법입니다. 부족한 근력을 지원해주는 초보자용 신발도 부상 예방에 한 역할을 합니다.

뛰고 난 뒤에는 통증을 느끼는 부위를 차갑게 합시다.

또 피로가 남으면 다음에 뛰었을 때 통증의 원인이 됩니다. 이

때는 스트레칭이 효과적입니다. 단 국소적으로 참을 수 없을 만큼 격심한 통증을 느낄 경우는 부상일 가능성도 있습니다. 자기가 어떻게 하려고 하지 말고 곧바로 병원으로 가야만 합니다.

다쳐서 움직일 수 없게 되면 모든 것을 모조리 잃고 맙니다. '대단하게 뛰는 것도 아닌데 뭘'과 같은 방심은 금물입니다. 계속 살을 빼려면 통증 예방과 관리가 반드시 있어야 합니다.

환갑을 넘어도 살을 뺄 수 있고 근육도 생깁니다!

유감스럽게도 근육은 20대를 경계로 해마다 약 1% 비율로 감소합니다. 연 1% 줄어드는 근육 대신 늘어나는 것이 지방입니다. 대강 환산하면 아무런 운동도 하지 않으면 해마다 1kg씩 체중이 증가하는 계산이 나옵니다. '뭘 해도 살을 뺄 수 없어', '지금 와서 몸을 단련해 봤자 소용없어'라고 포기한 시점에서 같은 속도로 10년, 20년, 지방은 계속 늘어납니다. 생각만 해도 무섭지 않나요. 그래도 이것이 현실입니다.

근육량의 저하는 나이가 드는 것보다 오히려 매일의 활동량 저하가 크게 영향을 미칩니다. 걷는 게 줄었다, 계단을 이용하지 않는다, 운동하지 않게 되었다 등으로 활동량이 줄면 근육에 주는 자극이 부족하여 오로지 약해지기만 합니다. 특히 하반신의 근육군은 크기가 크기 때문에 일상적으로 강한 부하를 주지 않으면 근력은 점점 쇠퇴합니다.

게다가 근육은 호르몬 관계로 50살부터 급격하게 줄어듭니다. 60~70대가 되면 근육량은 보통 20대의 약 절반이 되어버립니다.

반면에 76세~78세의 여성들이 4개월 동안 근육 운동을 한 결과 근력을 나타내는 근단면적의 총량이 7% 증가했다는 연구 보고도 있습니다. 유감스럽게도 20대와 견줄 때 근육이 붙는 것을 도와주는 성장호르몬의 분비는 뚝 떨어집니다. 젊었을 때와 동일 기간으로 같은 양의 근력 향상은 역시 바랄 수 없습니다. 하지만 운동을 계속하면 틀림없이 단련되어 몸이 단단해집니다. 60대라도 70대라도 근육은 늘어나고 근력도 향상됩니다!

덧붙여 또 한 가지 기쁜 소식을 알려드리자면, 실은 근육은 저축할 수 있습니다. 한번 근육을 늘려놓으면 몸에 기록되어서 몇 년 후에 다시 근육 운동을 시작했을 때 머슬 메모리(근육기억)가 되살아나 근력을 되찾을 수 있습니다.

저와 함께 5년 동안 개인 트레이닝을 계속하던 S씨(여성)가 어느 날 유방암이 발견되어 2년간 운동을 쉬게 되었습니다. 투병생활을 거쳐 건강해진 S씨가 다시 운동을 시작하고 싶다며 찾아와 주었습니다.

물론 S씨의 몸은 근육이 깎아낸 듯 없어졌고 운동하던 당시와는 완전히 다른 사람 같았습니다. 다시 처음부터 몸만들기를 시작하게 되었습니다.

나이가 50대로 들어선 것도 있고, 원래 몸으로 되돌아오려면 앞으로 5년, 아니 좀 더 시간이 걸리지 않을까 걱정했습니다. 하지만 이게 어찌 된 일입니까! 불과 1년 반 만에 원래 근육량으로 되돌아왔습니다.

이것이 머슬 메모리라는 현상입니다.

근육은 훈련에 의해 근섬유가 상처를 입고 회복되는 과정에서 굵어집니다. 훈련의 강도를 높여 더욱 계속하면 어느 일정 수준을 넘어 근육이 굵어지게 될 때 근섬유에 핵이 늘어납니다. 그리고 훈련을 그만둔 뒤에도 핵은 남기 때문에 몇 년 지나도 다시 훈련으로 자극을 주면 핵을 사용해 원래 근육량으로 되돌아오게 됩니다.

현재는 동물실험으로밖에 입증되지 않았지만, 사람도 10년은 핵이 남아있지 않을까 여겨집니다. 즉 20대~30대에 운동했던 사람은 30대~40대에서 다시 시작하면 이전 수준에 가까운 근육량을 손쉽게 되찾을 수 있습니다. 40대인 지금 시작하면 만약 운동을 멈추었다 해도 다시 시작하기만 하면 아무 운동도 하지 않고 지내는 것보다 훨씬 쉽게 근력 회복의 효과를 기대할 수 있습니다.

이미 중년이므로 뛰어도 살을 뺄 수 없다고 생각하고 포기하지 마세요. 저의 고객 중에는 50대, 60대도 있고 달리면 달리는 만큼 근육은 단련되고 반드시 몸은 단단해집니다!

한번 생겼던 근육은 손쉽게 되찾을 수 있다

언제라도 운동을 시작해 두면 근육
이 생겨 근육 안에 핵이 만들어진다.

운동을 그만두거나, 나이가 들면서
근육이 빠져 홀쭉해졌다 해도……

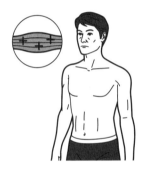

공백기가 있었다 해도 다시 시작하
면 핵 덕분에 재빨리 몸이 돌아온다!

14 * 비 오는 날은 뛰기 싫은데……
신께서 주신 휴가라고 생각하고 활용하시길

스포츠센터나 시민체육관의 러닝머신을 이용해 달리는 것이 아니라면 날씨와 기후의 변화는 때로 달릴 기분마저 좌우하는 높은 문턱입니다.

특히 비가 오는 날은 고민스럽습니다. 모처럼 뛰려고 마음먹었던 날에 후드득후드득 비가 내리기 시작하면 그것만으로 즉각 마음이 시들해지는 사람도 많습니다. 추위가 심한 겨울 날씨라면 더욱 그렇습니다.

지금까지 많은 러너에게 비가 오는 날의 대처방법에 관해 물어보았는데 "비가 오는 날은 신께서 쉬라고 말씀하시는 거예요"라며 뜻밖에도 쉬는 사람이 다수였습니다. 시니어 러너라는 상급자와 스포츠 선수 중에도 그렇게 말하는 사람이 꽤 있습니다.

한편 겨울이 아니면 비가 오는 날도 기분 좋아서 달린다는 사람도 있습니다. 생각해 보면 어른이 빗속을 뛰어다닐 기회는 오히려 귀합니다. 최근에는 방수 기능이 뛰어난 달리기용 운동복과 모자도 구할 수 있으므로 가랑비 정도라면 차라리 즐길 수도 있겠지요. 습도가 높아지기 때문에 호흡도 편해집니다.

저 자신도 어지간히 억수같이 내리는 비가 아니면 달리는 쪽입니다. 여름에 큰 빗속을 달리면 뜻밖에 즐거운 기분을 맛볼 수 있습니다.

비가 오는 날만이 아니라 사계절 내내 밖을 달리는 생활이 습관이 되면 단단한 몸과 함께 건강이라는 덤도 따라옵니다. 현대는 어디를 가나 실내 온도를 에어컨으로 조절하는 시대입니다. 이렇게 온도 변화가 적은 환경에서 생활하면 체온조절 기능이 점점 약해집니다. 하지만 운동을 습관처럼 하면 땀샘이 확실히 작동하게 되므로 체온조절을 제대로 할 수 있는 몸이 됩니다. 온도변화에 적응하는 능력이 쇠퇴하지 않기 때문에 면역력이 높아지고 결과적으로 감기에도 잘 걸리지 않습니다.

비 때문에 달리기를 쉰 날은 다리의 힘을 단련하여 지방연소율을 높이는 효과가 있는 트레이닝I과 차분하게 온몸 스트레칭을 하는 날로 채우는 것도 좋겠습니다. 물론 오늘은 휴일로 정하고 아무것도 하지 않고 느긋하게 지내는 것도 좋습니다.

몸과 마음 모두 기운을 되찾을 수 있습니다.

15 * 솔직히 달리기 앞뒤로 스트레칭이 귀찮아요

달리고 난 다음만큼은 꼭 늘려줍시다

스트레칭이 익숙하지 않은 동안은 시간도 걸리고 귀찮은 일입니다.

게다가 이것저것 할 것이 늘어나면 계속하기 위한 문턱이 높아지고 달리기를 습관화하는 것도 어려워집니다.

그러므로 〈체지방이 빠지는 달리기〉에서 달리기 전의 스트레칭은 필요 없습니다. 그 시간을 마련할 정도라면 우선 달립시다. 갑자기 달리는 것이 불안하다면 조금이라도 지방연소 효율을 높일 수 있도록 걷기로 준비운동을 합시다! 팔을 어깻죽지부터 확실하게 흔들면서 보폭을 넓히며 5분 정도 씩씩하고 활기차게 걷습니다. 몸이 따뜻해지면 그 흐름으로 조금씩 속도를 올려 뛰기 시작합니다.

대부분의 사람은 학생 시절 체육 수업 등에서 운동하기 전에 스트레칭으로 준비운동을 하라고 배웠을 것입니다. 이것이 애당초 잘못되었습니다.

여기서 말하는 스트레칭이란 반동을 사용하지 않고 목적 부위를 천천히 늘리는 정적인 스트레칭입니다. 준비운동은 말 그대로 운동 행위가 향상하도록 피의 흐름을 좋게 하여 몸을 따뜻하게 하는 것이 목적인데, 정적인 스트레칭으로는 근육이 적당히 따뜻해지지 않습니다. 오히려 근육 온도가 올라가지 않은 상태에서 운동 전에 스트레칭을 하면 근육과 힘줄을 무리하게 늘려서 상처를 입히게 될지도 모릅니다.

스트레칭을 한다면 달리고 난 뒤에 하는 것이 좋습니다. 격렬한 운동 뒤 가벼운 정리운동을 하면 관절의 유연성이 좋아지고 피곤함이 남지 않기 때문에 다음날도 뛰고자 하는 활력이 솟습니다. 거꾸로 스트레칭을 하지 않으면 관절이 움직일 수 있는 영역이 좁아지므로 달리면 무릎과 넓적다리 관절, 발목 등에 부담을 주어 다치기 쉬워집니다. 게다가 피곤이 쌓이면 뛰기는커녕 몸을 움직이는 것조차 귀찮아지고 여차하면 체지방이 늘어나는 생활로 돌아갑니다.

스트레칭은 매일 계속해도 몸에 부담을 주지 않습니다.

달리지 않는 날도 부상예방과 피로해소를 겸해 근육이 따뜻해진 목욕 직후에 하면 좋겠습니다. 하는 방법은 P241 이후를 참고해주세요. 다른 일을 하면서도 할 수 있고 계속하다 보면 눈에 띄게 몸이 부드러워집니다.

무엇보다 오그라든 몸을 펴는 것이 기분 좋게 느껴질 것입니다.

16 * 결국, 작심삼일로 끝나버려요
작심삼일을 반복하면 대성공입니다!

달리려고 작정했는데 빼먹고 말았다.

그런 날이 계속되어도 '역시 나는 운동은 체질이 아닌가 봐', '달리기로 살을 빼는 건 역시 무리였어'라고 자신을 책망하거나 포기하지 마세요.

인간은 누구나 빼먹기도 하고 게으르기도 합니다. 아무리 대단한 사람이라도 한두 번쯤 있을 수 있는 일입니다.

"빼먹었다 = 나는 할 수 없다"

이렇게 자기에게 낙제점을 주고 부정적으로 받아들이기 때문에 지속할 수 없습니다.

빼먹었더라도 또 시작하면 됩니다. 겨우 3일 했어도 문제없습니다. 제로였는데 3일이나 계속한 것입니다. **1주일 후라도 1개월 후라도 '좋아! 다시 한 번 해보자!'라는 마음이 들었을 때 다시 도전하면 됩니다.**

매일 계속할 수는 없어도 생각나면 해 보는 것입니다. 설령 끊겼다 이어졌다 하더라도 달리는 것을 영원히 그만두지 않는 한, 몸에는 어떤 플러스 효과가 생깁니다.

포기하기 전에 계속할 수 있는 연구를 하는 것도 좋겠지요. 좋아하는 음악을 들으면서 달리거나, 가보지 않은 길을 탐색해 보는 것도 즐겁습니다. 다이어트 기록 앱과 달리기 전용 기록 앱 또는 스마트 워치를 사용하는 사람도 많은데, 달릴 때마다 기록되는 게 즐거워서 습관이 생겼다는 소리도 자주 듣습니다. 목표를 세우는 것도 좋겠습니다. 5km와 10km, 1년 후 정식 마라톤을 목표로 일단 대회에 참가 등록을 하는 것도 방법입니다.

반년 혹은 1년 정도 계속하다 보면 어느 날 갑자기 하고 싶은 마음이 없어지는 일도 있습니다.

몹시 바빠질 수도 있고, 대회 뒤의 탈진 증후군이 올 수도 있으며, 뭔가 다른 열중할 일이 생길 수도 있습니다. 계기는 가지각색이지만 계속해서 의욕을 지속하는 사람이란 이 세상에 없습니다. 몇 번이나 정식 마라톤에 출장한 사람조차 달리고 싶지 않은 날이 오기도 하고, 트레이너인 저도 달리고 싶지 않은 날이 종종 있습니다.

의욕이 없을 때 '이래선 안 돼!'라고 낙제점을 매기는 일은 그만두세요! 빼먹고 다시 하고를 반복하면 됩니다. 그리고 언젠가 또 의욕이 샘솟을 때 달리면 됩니다.

작심삼일? 좋지 않습니까!

작심삼일을 몇 번이고 되풀이하면 대성공입니다.

"바쁜데 달릴 수 있는 다리를 만든다거나 생각하는 게 귀찮아요"

"그저 달리기만 한다면 못 할 것도 없을 것 같은데, 살을 빼려면 어떻게 하면 좋나요?"

혹시 이 정도만이라도 생각하고 있다면 저로서는 정말 칭찬해 드리고 싶습니다.

여기서는 운동 습관이 없는 사람에게 적합한 3개월 계획을 세웠습니다. 주말 휴일에 맞춘 1주일 동안의 메뉴이니 생활방식에 맞추어 도전해 보세요.

걷기와 달리기의 노선을 결정할 때는 가능한 한 신호가 적은 코스를 선택하는 게 몸도 마음도 쾌적하게 쭉 달릴 수 있습니다. 또 울퉁불퉁한 길은 넘어지거나 다리를 접질리는 원인이 될 수도 있습니다. 될 수 있으면 정비된 길로 선택하는 게 좋습니다. 기분과 몸 상태에 맞추어 경치와 거리가 다른 경로를 준비해 두면 운동이 지루해지는 것도 피할 수 있습니다.

(1개월째)
월요일 : 가능한 한 계단을 이용한다
화요일 : 빠른 걸음으로 걷기 (20~30분)
수요일 : 가능한 한 계단을 이용한다
목요일 : 빠른 걸음으로 걷기 (20~30분)
금요일 : 가능한 한 계단을 이용한다
토요일 : 빠른 걸음으로 걷기 (20~30분)
일요일 : 가능한 한 계단을 이용한다 & 천천히 달린다 (5분)

1개월째는 되도록 빠른 속도로 걷는 씩씩하고 활기차게 걷기가 중심입니다. 일상생활에 운동을 집어넣음으로써 습관화하고 심폐기능을 단련합니다. 또한, 계단을 이용하는 습관도 몸에 익히고 하반신 근력 향상과 체력 만들기를 합니다.

주말 하루는 빨리 걷기와 달리기의 중간 속도로 5분 동안 달립니다. 기준은 이 이상 속도를 내 걷는 것은 어렵겠지만 가볍게 뛰는 정도의 속도입니다. 계속해서 5분 동안 뛰는 게 어려운 사람은 씩씩하고 활기차게 걷기를 중심으로 '다음 신호까지 조금 달려보자', '전봇대 2개 거리만큼 뛰어보자!' 등 조금씩 달리기를 도입하면 좋겠습니다.

1개월째는 운동습관을 몸에 익히는 것이 최대 목적이므로 매일 기분 좋았다고 생각되는 정도에서 마치는 게 중요합니다. 또 걷고 싶다, 또 뛰고 싶다는 동기부여가 높아집니다. 좀 부족하다 싶으면 다음 단계로 가봅니다.

2개월째

월요일 : 계단을 이용한다
화요일 : 빠른 걸음으로 걷기 (30~40분)
수요일 : 계단을 이용한다
목요일 : 빠른 걸음으로 걷기 (30~40분)
금요일 : 계단을 이용한다
토요일 : 천천히 뛴다 (15분)
일요일 : 천천히 뛴다 (15분)

2개월째는 1회 걷기의 시간, 뛰는 횟수와 시간을 늘렸습니다. 이 책을 보기 전부터 걷는 습관이 붙은 사람은 여기부터 시작해도 좋습니다. 계단 오르내리기는 1개월째와 변함없이 부지런히 집어넣습니다. 출퇴근, 통학 경로의 계단에 다리가 익숙해지면 회사와 자택 아파트에서도 계단을 이용하는 등 새로운 자극을 주면 보다 효과적입니다.

주말 달리기는 15분입니다. 속도는 1개월째와 마찬가지로 활기차고 씩씩하게 걷기보다 조금 빠른 시속 8km 정도로 합니다. 거리로 환산하면 약 2km 달릴 수 있습니다. 갑자기 15분 동안 달리는 것이 힘든 사람은 걷기 5분 더하기 달리기 10분부터 시작하고 서서히 달리는 시간을 늘려나갑시다. 좀 부족하다 싶으면 다음 단계로 갑니다.

3개월째

월요일 : 휴식
화요일 : 계단을 이용한다
수요일 : 달리기 (20분)
목요일 : 걷기 (45~60분)
금요일 : 계단을 이용한다
토요일 : 달리기 (20분)
일요일 : 달리기 (20분)

3개월째는 걷기와 계단 오르내리기의 성과가 여실히 나타나고 다리의 근육이 단단하게 붙기 시작합니다. 달리는 것은 주 3일, 각 20분간 갑니다. 분명히 이 즈음이면 시속 8km로는 뭔가 부족하게 느껴져서 8.5~9km의 속도로 기분 좋게 달릴 수 있게 되었겠지요. 시속 9km로 달리면 20분간 3km 달릴 수 있습니다. 여기까지 오면 운동경험이 없는 사람이 아니라 이미 훌륭한 러너입니다.

달리는 동안 머릿속이 상쾌해지고 몸 하나로 휙휙 전진하는 즐거움을 맛볼 수 있습니다.

달리는 횟수도 시간도 늘어났기 때문에 일주일에 하루는 몸을 푹 쉬게 합니다. 달리는 일에 익숙해져도 무리는 금물입니다. 몸과 마음이 긍정적으로 변화하는 것을 즐기면서 받아들이는 것이 〈체지방이 빠지는 달리기〉의 기본자세입니다.

CHAPTER 2

체지방이
순식간에 빠지는
달리기란

18 * 살을 빼고 싶은 이유를
마음에 깊이 새긴다

달리기 강습회에 참가한 사람들에게 달리기를 시작한 계기를 물어보면 처음부터 '정식 마라톤을 완주하고 싶어서'라고 대답하는 사람은 실제로 상당히 적습니다. '살을 빼고 싶다', '운동부족을 해소하고 싶다', '건강을 유지하고 싶다'라는 동기가 순위 3위까지 가장 많습니다.

왜 달리려고 생각했는가?

이것을 명확하게 하는 것이 〈체지방이 빠지는 달리기〉를 성공하는 데 가장 중요한 열쇠입니다.

이 책을 손에 쥔 사람의 최대 동기는 분명 효과적으로 살을 잘 빼고 싶은 것이겠지요.

그렇다면 당신은 왜 살을 빼고 싶은가요?

어떤 자신이 되고 싶습니까?

체지방 또는 체중을 얼마나 빼고 싶습니까?

그것을 언제까지 성공하고 싶습니까?

일단 책을 내려놓고 생각해 보세요.

열등감을 없애고 싶다, 비만 체형에서 탈출하고 싶다, 인기를 끌고 싶다. 몸무게를 5kg, 아니 10kg 빼고 싶다. 결혼식까지, 여름까지 살을 빼고 싶다. 몸무게를 빼기보다 겉보기에 날씬해 보이고 싶다, 살이 빠지지 않아도 좋지만 옷 입은 맵시가 좋아보였으면 좋겠다, 이 이상 찌고 싶지는 않다…….

당신의 동기가 분명해지면 지금 이 자리에서 그 생각을 수첩과 일기에 기록해 둡시다. 쓴 내용이 늘 눈에 들어오도록 벽에 붙이는 것도 좋습니다.

다이어트는 하루아침에 성공하지 않습니다. 〈체지방이 빠지는 달리기〉를 성공하기 위한 첫 번째 목표는 달리는 일을 습관화하고, 설령 띄엄띄엄 중단되더라도 계속하는 것입니다. 처음 동기가 희미해지거나 초심을 잊으면, '아, 그만두고 싶어'하고 마음이 약해진 순간, 순식간에 농땡이 치는 버릇과 게으름 피우는 버릇에 당하고 맙니다.

그만두고 싶은 생각이 든다면 반드시 처음 동기를 되돌아봅시다. 그것을 깊이 마음에 새기는 것이 당신에게 가장 적합한 〈체지방이 빠지는 달리기〉의 출발선입니다!

다이어트 스위치 ⏻ 왜 살을 빼고 싶은지 구체적으로 기록한다.

19 * 신발 선택의 비법은 '착용감'에 있다

　달리기로 했다면 우선 달리기 전용 신발을 삽시다. 스포츠 브랜드 매장이나 대형 스포츠 용품점에 가서 수많은 신발 중에 당신 취향의 운동화를 천천히 고릅니다.

　달리기용 운동화에는 운동 습관이 없는 사람이라도 부상 위험이 적고 또한 쾌적하게 달리기 위한 기능이 탑재되어 있습니다. **처음 신어본 사람은 다른 운동화와는 비교할 수 없을 만큼 다리 움직임이 가볍고 다리가 쭉쭉 제멋대로 앞으로 나갈 것 같은 느낌에 놀랄 것입니다.** 그 외에도 기능이 좋은 운동화는 발가락 끝으로 갈수록 밑창이 얇아져서 박차고 나가기 쉽고, 발뒤꿈치를 꼭 잡아줘서 좌우로 흔들리지 않는 등 몸에 부담을 주지 않고 편안하게 계속 달릴 수 있도록 잘 고안되어 있습니다.

　그리고 자기에게 딱 맞는 달리기용 운동화를 손에 넣으면 쾌적한 착용감이 달리고 싶은 기분을 더욱 부채질합니다. 지금은 다양한 달리기 잡지와 인터넷에서도 운동화 고르기에 대한 정보가 넘치고 있는데, 최고 좋은 운동화를 고르는데 가장 중요한 사항이 뭐라고 생각하십니까?

그것은 신발을 신었을 때 '아, 발이 둘러싸여 있다'고 느끼는가, 아닌가 입니다.

둘러싸여 있다는 느낌은 이를테면 양말을 신었을 때의 꼭 맞는 느낌입니다. 어렵게 생각하지 말고 발을 넣었을 때 '글쎄?'라는 위화감이 머릿속에 스쳐 지나가면 후보에서 빼도 좋습니다. 왜냐하면, 감싸는 느낌이 없는 신발은 발의 형태에 맞지 않기 때문입니다.

달리기용 운동화는 달리는 힘과 달리기 경력, 발의 형태에 따라 종류가 상당히 상세하게 나뉘어 있습니다. 혹시 처음 사는 것이라면 너무 종류가 많아 여기저기로 눈이 쏠려 결정하기 어려울지도 모릅니다. 그럴 때는 매장의 매니저와 상담하고 지금 당신에게 적합한 운동화를 몇 가지 추천해 달라고 합시다.

물론 최종적으로는 신었을 때의 기분 좋은 느낌으로 결정해야만 합니다. 중요한 것은 당신 자신의 느낌입니다. 실제로 장거리 달리기에서 세계 최고 순위에 드는 선수나 또한 하코네 역전 마라톤 선수들도 신어서 착용감이 좋다는 이유로 초급·중급자용 운동화를 애용하는 사람도 꽤 있습니다.

그 이외에 주의하면 좋은 사항은 다음과 같습니다.

① 무게만으로 고르지 않는다

"나는 다리 힘이 없으니까 가벼운 신발이 좋다"

이것이 초보자들이 가장 많이 저지르기 쉬운 신발 고르기의 잘못된 점입니다. 최근에는 초보자용으로 만들어진 가벼운 신발도 나왔지만, 상급자용과 견주면 조금 무거운 것이 많습니다. 그 이유는 장시간 뛸 수 있는 근력이 붙지 않은 다리와 허리를 보호하고 동작을 지원하는 기능이 탑재되어 있기 때문입니다. 이를테면 적은 힘을 앞으로 내디디도록 바꾸는 기능, 완충기능과 착지할 때 안정성을 높이는 기능 등이 대표적입니다.

다리의 힘이 약하다 해도 인간의 양다리가 일으키는 힘은 대단히 큽니다. 100kg이나 되는 옷장이라도 양다리의 뒤쪽으로 밀면 여성이라도 움직일 수 있을 정도입니다. 그런데도 겨우 수십 그램의 운동화가 무겁다고 걱정합니다. 괜찮습니다. 그 정도 무게로 달린다고 다리가 올라가지 않는 일 따위는 있을 수 없습니다.

무게에만 집착하는 것은 무의미한 일입니다. 조금 무겁다고 느껴도 부상 없이 쾌적하게 계속 달릴 수 있기 위한 기능을 중요하게 생각해 주세요.

② 제조회사에 구애받지 말고 많이 시험한다

신발을 고르는 데 있어 꼭 필요한 것이 신어보는 것입니다. 신어보지 않고 상품 정보와 겉모양이 좋은 것으로 골라 인터넷 쇼핑 등으로 사는 것만은 절대 그만두시기 바랍니다.

신발의 발 모양은 제조회사에 따라 다릅니다. 좀 더 말하자면 같은 제조사의 것이라도 모델에 따라 다릅니다. 딱 맞는 걸 찾았으면 다음부터는 같은 모델을 사면 좋습니다. 물론 달리면 발등과 발바닥 근육이 단련됩니다. 그것에 따라 발의 아치가 높아지거나 근육에 의해 발이 두터워지기도 해서 형태가 바뀌기 때문에 만일을 위해 신어보는 것은 꼭 필요합니다.

저는 제가 자문역할로 일하고 있는 제조회사의 신발을 애용하고 있는데, 역시 모델에 따라 맞기도 하고 맞지 않을 때도 있습니다. 그리고 발 모양에 맞는 모델의 신제품이 나올 때마다 바꾸어 사용합니다.

발에 맞는 신발을 찾으면 달리기가 쾌적해질 뿐만 아니라 발톱 안의 출혈(조하혈종) 등도 예방할 수 있습니다. 브랜드에 따라서는

치수를 상세하게 계산해내는 측정기가 있고, 갖춰 놓은 러닝머신에서 달렸을 때의 자세를 보고 맞는 신발을 제안해 주는 곳도 있습니다. 시험해 볼 수 있는 것은 전부 시험해 보는 것이 좋습니다.

③ 기능은 시간이 갈수록 떨어지기 때문에 새로 사서 바꾼다

달리기용 운동화의 밑창은 주로 고무 소재로 만들어져 있으므로 닳게 됩니다. 동시에 기능이 저하하고 이것이 부상과 장애의 요인도 되기 때문에 새로 사서 바꾸는 게 필요합니다.

기준은 주행거리 800~1000km 정도 입니다. 또한 고무는 세월이 가면 닳기 때문에 그다지 자주 신지 않았어도 2~3년 지나면 새로운 것으로 사는 게 좋습니다.

덧붙여서 말하자면 아디다스에서는 최근 획기적인 구두창 소재를 쓰기 시작했습니다. BOOSTTM이라는 중간 창인데 이게 정말 대단합니다! 1000km를 달려도 거의 닳지 않고 기후에 따른 굳기의 변화도 없습니다.

해마다 놀랄 만큼 진화하는 달리기용 운동화! 몇 년 뒤에는 이런 새로운 기술이 표준화될지도 모릅니다.

다이어트 스위치 ⏻ 나한테 가장 잘 맞는 신발을 신는다.

20 * 지방연소효율은
옷으로도 높일 수 있다

나에게 꼭 맞는 신발을 손에 넣으면 복장도 신경이 쓰입니다.

복장 고르기에서는 무엇보다 지방연소율을 생각하면 좋겠습니다.

체지방은 체온이 1℃ 정도 상승했을 때 가장 효율적으로 연소한다고 알려졌습니다. 왜냐하면 지방을 태우는 산소와 리파아제가 이 온도에서 가장 효율적으로 활동하기 때문입니다. 이것보다 체온이 떨어지거나 너무 올라가도 리파아제의 활동은 나빠지고 지방연소 효과도 떨어집니다.

이를테면 두꺼운 옷을 입고 뛰어 체온이 올라가 많은 땀을 흘리면, 몸은 탈수 상태에 빠집니다. 그러면 몸에서 지방을 태우기 위한 에너지를 빼앗기게 됩니다. 많은 양의 땀을 흘리면 체내 수분을 필요 이상으로 빼앗기기 때문에 혈액 내의 수분량이 줄어듭니다. 이에 따라 혈압이 내려가고 위와 뇌의 혈류가 저하합니다. 빈혈과 두통, 집중력 저하 등을 일으키는 원인이 되기도 합니다. 이래서는 오래 갈 수 없으므로 모처럼 세운 계획이 틀어지는 것도 눈에 보입니다.

그렇다면 어떤 복장으로 달리면 좋을까요?

우선 무엇보다 체온을 너무 올리지 않아야 합니다. 열이 빠지지 않는 땀복 등이 아니라 열을 잘 내보내는 기능이 필요합니다. 두 번째 땀을 흡수하고 빨리 마르는 성질이 뛰어난 소재여야 합니다. 땀에 젖은 옷이 피부에 닿으면 체온을 빼앗겨 리파아제의 활동도 저하합니다. 이를테면 땀을 흡수하여 무거워지는 면 티셔츠와 바지는 활동 면에서도 권할 수 없습니다. 척척 달라붙으면 기분도 좋지 않겠지요.

최근에는 여기저기서 다양한 색상에 세련되면서도 기능까지 뛰어난 러닝 웨어를 많이 팔고 있습니다. 땀을 잘 흡수하고 빨리 마르는 성질이 뛰어난 소재이므로 겹쳐 입어도 쾌적합니다. 마음에 걸리는 팔뚝과 복부 라인도 옷을 어떻게 입느냐에 따라 감출 수 있습니다. 압박 기능이 있는 컴프레션 웨어라면 배와 넓적다리의 흔들림을 억제하여 기분 좋게 달릴 수 있겠지요.

컴프레션 웨어는 최근 러너 사이에 완전히 정착했습니다. 지금은 세련된 색과 무늬의 디자인을 제안하는 제조회사가 늘고 있어 달리는 모습을 멋져 보이게 하는데 한 역할을 맡고 있습니다.

컴프레션 타이츠만으로는 무릎을 보호할 수 없다

"컴프레션 타입의 꽉 끼는 바지를 입으면 무릎이 안정되어 좋습니다"라고 말하는 사람이 있는데, 이것은 과학적 근거가 없습니다.

무릎 관절은 인대와 넓적다리의 커다란 근육군에 의해 지탱되고 움직이는 부위입니다. 예전에 컴프레션 타이츠 개발에 관여했는데, 무릎을 안정시키기 위해서는 70헥토파스칼 이상의 압력이 필요했습니다. 일반적인 스타킹이 5 전후, 상당히 강력한 것이라 해도 20~30이므로 대단한 압박입니다.

저는 "이왕 만들 것이라면 확실하게 효과가 있는 것으로!"라며 입었을 때의 압박감을 고집했습니다. 완성된 옷은 입는 데만 5~10분 걸리는 질긴 타이츠였습니다. 이런 소재는 입고 싶지 않다고 하여 그럼 지퍼를 달아보자고 제안하여 달아보았더니 지퍼가 망가지고 말았습니다.

무릎을 안정시키려면 역시 피부에 직접 둘러 감는 테이핑과 전용 보호 장비 정도의 강도가 필요합니다. 천 한 장으로는 어

렵습니다.

현시점에서는 유산이 쌓이기 쉽지 않고, 피로해소에 효과가 있다는 설의 옳고 그름도 명확하지 않습니다. 유일하게 기대할 수 있다면 혈액순환 지원입니다. 단 단계식 착압 유형의 옷을 고르도록 합시다.

컴프레션 유형의 타이츠에 과대한 육체적 효과와 효능을 기대하는 것은 의문이지만, 입는 것으로 안정된다고 느낀다면 그것도 하나의 효과입니다. 안정된 자세로 달리고 있는가를 의식하는 계기가 되기도 합니다. 넓적다리 안쪽이 마음에 걸리는 사람은 살갗이 쓸리는 것을 예방하는 데도 효과적입니다. 이제는 패션도 러너의 즐거움 중 하나입니다. 압력 효과로 다리의 라인이 날씬해 보이고, 코디네이터의 아이템으로 사용해도 좋습니다!

〈체지방이 빠지는 달리기〉를 목표로 한다면 효율 높고 지방을 태울 수 있는 복장으로 갈아입는 게 좋겠습니다. 마음에 드는 새 옷을 입으면 그것만으로 기분도 좋아지고 달리고 싶은 의욕도 솟습니다.

다이어트 스위치 ⏻ 체온을 심하게 올리지 않고 빨리 마르는 소재의 옷으로 갈아입는다

21 * 주에 몇 번 달리면
살을 뺄 수 있는가

"확실하게 살을 빼려면 한 주에 몇 번 달리면 좋겠습니까?"

달리기 강습회와 취재에서 자주 듣는 질문입니다. 분명 매일같이 달리고 싶지는 않다거나, 어차피 달려야 한다면 가장 효율적인 횟수로 달리고 싶은 것이겠지요.

그렇다면 〈체지방이 빠지는 달리기〉에 필요한 달리기 빈도는 어느 정도라고 생각하십니까?

대답은 물론 당신이 습관적으로 할 수 있는 횟수입니다.

그렇다고는 하지만 유감스럽게도 한 달에 한 번으로는 살을 뺄 수 없으므로 한 주에 몇 번이라는 질문이 적당합니다. 다만 누구나가 한 주에 몇 번 달리면 살을 뺄 수 있다고도 말할 수 없습니다. 전문가들은 이론적으로는 최저 주 2~3회라고 대답하겠지요. 하지만 오랫동안 운동 지도 현장에서 다양한 사람의 몸을 보고 있자면 살이 빠지는 진행 과정은 정말 각각 사람마다 다릅니다. 몇 회라고 딱 잘라 말할 수 있는 것이 아닙니다.

중요한 것은 누군가가 정해준 횟수를 하는 게 아니라 내가 습관화할 수 있는가입니다. 이를테면 한번에 90분 동안 달렸다 해도 한 달에 1~2회 이거나, 또는 계속하지 못한다면 당연히 살을 빼는 것은 불가능합니다. 하지만 운동습관이 없던 사람이 15분씩이라도 매일 달릴 수 있게 되었다면 확실히 살을 뺄 수 있겠지요.

제 고객 중에 다이어트에 성공한 사람의 대부분이 '매일 20분, 월수금', '귀가 후 매일 15분, 주말은 천천히 20~30km' 등 운동의 패턴화에 성공하고 있습니다. 물론 처음에는 거리와 시간 빈도를 적게 하여 시작해도 좋고, 주별로 경로를 바꾸어도 좋습니다. 그렇게 해서 가장 좋은 시간대와 적절한 순간을 잡아가면 됩니다.

달리는 것을 이벤트가 아니라 습관으로 만들어야 합니다. 이것이 성공한 순간 몸에 강력한 〈다이어트 스위치〉가 켜집니다.

다이어트 스위치 ⏻ 지속 가능한 횟수를 생활에 집어넣는다.

22 * 체지방을 잘 빼기 위해서는 몇 시에 달리는 게 좋을까요?

또 한 가지 자주 받는 질문이 "몇 시에 달리면 가장 살을 잘 뺄 수 있습니까?"라는 것입니다.

대답은 이미 아시겠지요! '당신이 가장 지속하기 쉬운 시간대'입니다. 시간대의 제약을 받지 않고 자신의 생활방식에 맞춘 적절한 순간을 찾는 것이 〈체지방이 빠지는 달리기〉를 계속하는 비결입니다.

이쯤에서 평소 생활을 조금 돌아봅시다. 누구나가 습관적으로 하는 것이 있습니다. 이를테면 아침에 일어나면 우선 이를 닦고 얼굴을 씻고 애완동물에게 먹이를 주고 커피를 마신다. 그런데 여행을 가거나 했을 때, 하는 수 없이 매일 아침과 매일 밤의 행동 패턴이 바뀌면 조금 기분이 찜찜하지 않습니까?

습관은 자신에게 기분 좋은 순서로 반복됩니다. 기분 좋으니까 지속하고 습관이 되는 것입니다.

달리기의 습관화도 얼굴을 씻고 밥을 먹는 것과 마찬가지입니다. '이 시간에 달리면 기분이 좋다'고 느끼는 시간대를 찾으면 달리는 일이 자연히 습관이 되고 성과로도 이어집니다.

저의 고객을 예로 들면, K씨는 외국계 기업에서 중역을 맡은 전문직 여성입니다. 점심시간도 아까울 만큼 일에 쫓기는 나날을 보내고 있습니다. 그래도 운동할 시간을 만들려고 스포츠클럽에 들어갔습니다. 하지만 밤에는 갑작스러운 미팅과 식사 초대가 많고, '오늘은 꼭 가야지!'라고 굳게 마음먹어도 못 가는 날이 계속되었습니다.

게다가 술을 아주 좋아하는 K씨에게 동료들과의 잦은 술자리는 스트레스를 발산하는 귀중한 시간이었습니다. 술을 참으면서까지 스포츠클럽에서 운동하는 것은 무리라며 매월 회비만 내고 거의 다니지 않은 채 결국 그만두고 말았습니다. 역시 너무 바빠서 운동은 계속할 수 없다며 포기했습니다.

그래서 새삼 K씨의 생활 방식을 재검토해 보기로 했습니다. "출근 전에 집 근처를 뛰는 것은 어떻겠습니까?"라고 제안하자 "아침은 미팅이 거의 없으니까 가능할지도 모르겠어요"라고 대답하는 K씨. 다음 날부터 일어나자마자 달리기용 복장으로 갈아입고 가볍게 달린 뒤 샤워를 하고 아침을 먹고 출근하는 새로운 생활 사이클을 시작했습니다.

처음에는 '이른 아침부터 달릴 수 있을까?' 불안했던 K씨도 시작해 보았더니 그럭저럭 기분이 좋았습니다. 좋아하는 술을 참는다, 모처럼 가려고 했던 스포츠클럽을 갈 수 없게 되었다는 스트레스로부터 해방되어 멋지게 아침에 달리는 일을 습관화하는 데 성공했습니다!

물론 모두가 K씨의 패턴이 좋을 리는 없습니다. 아침에 달리면 낮에 졸린다는 사람은 무리하게 아침에 달려봤자 분명 계속할 수 없을 것입니다. 일을 마치고 집으로 돌아온 후 곧바로 달리고 샤워를 한 뒤 저녁밥을 먹는 패턴에 빠지는 사람도 있는가 하면, 그렇게 하면 잠이 오지 않는다는 사람도 있습니다.

아침인가, 밤인가? 혹은 점심시간에 달리는 편이 좋은가? 물론 평일에는 일도 힘에 부치니까 휴일에 달리는 편이 스트레스를 받지 않는다는 사람도 있겠지요. 삶의 방식은 천차만별입니다. 자기가 달렸을 때 '100% 기분 좋다!'고 느끼는 시간대를 찾도록 합시다.

지속할 수 있는 시간대를 찾은 사람은 모두 살을 빼는 데 성공합니다.

이렇게 하면 달리기를 습관화할 수 있다

제가 소속된 회사가 여행회사와 제휴하여 1년에 한 번 개최하는 스포츠 캠프 행사가 있습니다. 이것은 1주일간 전후로 국내외 호텔에 묵으며 프로 트레이너들과 함께 다양한 스포츠에 도전하는 이벤트입니다. 내용은 해에 따라 약간 바뀌는데 해마다 하는 프로그램 중 하나가 매일 아침 달리는 일입니다. 아침 5시 반과 6시에 모여 모두 함께 건강달리기를 합니다. 끝나면 샤워를 하고 아침을 먹는 일을 반복합니다.

처음에는 '여행지에서 꼭두새벽부터 달리기라니……', '좀 귀찮다'라는 느낌으로 시작합니다. 하지만 재미있게도 단 1주일 동안 이 생활을 계속한 것만으로 "아침에 달리다니 말도 안 돼!"라고 말했던 사람이 "아침에 달리지 않으면 기분이 안 좋고 밥맛도 없어요"라고 말하게 됩니다.

이것은 경험해봤기 때문에 아는 것입니다. 무엇이 자신에게 맞는가는 시험해 보지 않으면 알 수 없습니다.

'출근 전에 뛰다니 지속할 리가 없어'라고 생각했었는데 해보았더니 뜻밖에 푹 빠지고 말았다는 이야기는 이미 정말 많이 들었습니다. '나는 못 해!'하며 무턱대고 싫어하지 말고 우선 생각나는 것을 닥치는 대로 시험해 봅시다. 그러는 사이에 당신에게 꼭 맞은 시간대를 찾을 수 있습니다. 몸은 간절히 달리는 것을 원하고, 여기서부터 살이 찌지 않는 생활이 시작됩니다!

다음과 같이, 지금까지 다이어트에 성공한 사람들에게 많았던 사례 중에 몇 개의 유형을 자세하게 소개하겠습니다. 꼭 시험해 보시기 바랍니다.

① 기상 후, 귀가 후

저의 고객에게 가장 많은 성공 유형이 이 2가지입니다. 특히 아침에는 출근 시간이 정해져 있으므로 생활에 도입하기 쉬운 것이 성공 원인입니다.

귀가 후 곧바로 달리러 가는 것도 권하고 싶습니다. 구두를 벗고 텔레비전을 켜고 앉으면 눈 깜짝할 순간에 30분이 훌쩍 가버립니다. 그렇다면 현관에 갈아입을 옷 등을 준비해 두고 앉지 않는 습관을 길러보는 건 어떨까요. 재빨리 옷을 갈아입고 15~30분 동안 달린다! 이 정도라면 자신의 소중한 시간을 줄이는 것도 아니니까 기분 좋게 계속할 수 있습니다. 달리고 난 뒤에 목욕하니까 이 방법으로 하면 땀도 씻을 수 있고 효율적입니다.

아침에 일어나자마자 달리는 경우는 수면 중에 체내의 수분이

고갈되었다는 점을 생각하여 달리기 전에 1~2컵의 수분을 보충해야만 합니다. 수분이 부족한 혈관 내에는 끈적끈적한 혈액이 모여 있습니다. 갑자기 달리면 혈전도 생기기 쉽고 뇌경색과 심근경색 등의 직접적인 원인이 될 수도 있습니다. 특히 흡연자와 중성지방이 높은 사람은 주의하는 것이 좋습니다.

저녁에 달리는 경우, 잠자기 직전이면 뇌가 흥분하여 잠이 오지 않을 때가 있습니다. 예상하는 취침 시간의 2~3시간 전까지 달리기를 마쳐야지 몸도 안정되고 부교감신경이 우위가 되어 순조롭게 잠들 수 있습니다.

② 점심시간

이 유형은 도시에서 일하는 남성들이 많이 좋아합니다. 점심시간이 되면 양복을 입은 채 회사 근처의 체육관으로 가, 러닝머신에서 30분 정도 달립니다. 간단하게 샤워하고 점심은 주먹밥 등으로 가볍게 마치고 일로 되돌아옵니다. 외출만 없으면 점심시간은 확실하게 확보할 수 있으므로 역시 습관들이기 쉬운 장점이 있습니다. 사무직 등으로 온종일 단조로운 일을 계속하는 사람에게는 기분을 새롭게 하는 시간이 될 수 있습니다.

③ 늦은 오후

자유직업자와 재택근무 등 일하는 시간을 자기가 정할 수 있는 사람에게 많은 경우가 이른 저녁, 15~16시에 달리는 유형입니다. 왜냐하면, 이 시간대는 점심 후 한차례 일을 한 뒤 잠깐 졸릴 시간이기 때문입니다. 집중할 수 없다면 차라리 달리자는 것이지요. 눈과 머리가 맑아지고 저녁 이후 일의 효율이 높아집니다.

④ 일을 마치고

시간대가 아니라 "그날 해야만 하는 일을 모두 마친 다음 뛰는 것이 가장 기분이 좋아요"라고 말하는 사람도 있습니다. 저도 이 유형입니다. 달리는 시간을 이용해 여러 가지 일을 생각하거나 구상을 짜는 사람도 있습니다. 저도 달리고 있을 때가 오히려 머리가 돌아가기 때문에 뭔가 막히는 일이 있으면 실컷 달립니다.

그리고 떠오른 아이디어를 집으로 돌아와 곧바로 기록합니다.

23 * <체지방이 빠지는 달리기>에 특별한 호흡법이 있는가?

'확실히 빠진다!', '복부 지방이 없어진다!'라는 꿈같은 호흡법이 있으면 소개하고 싶지만, 달리면서 지방연소 효율을 높일 수 있는 호흡법은 없습니다. 달리는 데 적합한 것은 몸에 가장 부담을 주지 않는 자연스러운 호흡입니다. 왜냐하면, 부자연스러운 호흡을 반복하면 달리기 힘들어지고 긴 거리를 달릴 수 없게 되기 때문입니다(=소비열량이 적어지게 된다).

자연스러운 호흡의 포인트는 '들이마시는 것보다 내뱉는 것을 의식'하는 것입니다. 인간의 몸은 숨을 내뱉으면 자연히 숨을 들이마셔 줍니다. 내뱉는 리듬도 평소처럼 '후-'하고 조용히 내뱉으면 됩니다.

어렸을 때 "장거리를 뛸 때는 핫 하, 훗 후 하고 내뱉고 들이마시기를 2번씩 반복하세요"라고 배운 사람도 많을 텐데, 이것은 잊기 바랍니다.

호흡은 어디까지나 자연스러운 게 좋습니다.

다이어트가 취미인 사람 중에는 열량 계산을 아주 좋아하는 사람이 있습니다. 기록 다이어트가 한창 유행이었을 때, 항상 식품 열량 목록을 들고 다니며 도시락이나 빵, 과자를 살 때도 반드시 열량을 확인하고 적어둔 뒤, 체중조절의 지침으로 삼는 사람이 많았습니다.

이 칼로리 계산을 부정하지는 않지만, 이렇게 한다고 해서 생각대로 살을 뺄 수 있다고는 말할 수 없습니다. 살이 빠지는 속도와 지방을 빼기 쉬운 부위, 근육을 붙이는 방법은 사람마다 얼굴 모양이 다르듯이 천차만별입니다. 같은 열량의 음식을 먹고 운동으로 소비했다 해도 숫자대로 딱 들어맞게 살이 빠질 리는 없기 때문입니다.

하지만 명확한 수치로 소비열량을 알면 다이어트 계획의 기준이 되고, 물론 빼고자 하는 의욕과도 이어집니다. 자기가 얼마만큼 소비했나를 파악하면 달려서 소비한 분량을 헛되이 하지 않고 식사량과 내용을 조절하고자 하는 마음도 가질 수 있습니다.

거꾸로 "먹는 걸 참는 건 무리!"라고 말하는 사람에게도 자극이 됩니다. 이를테면 저도 그런 사람 중 하나입니다. 미국에서 생활했던 시기가 있어서 햄버거, 피자, 콜라 등 소위 정크 푸드를 좋아합니다. 맛있다고 평판이 난 햄버거 정보를 입수하면 맨 먼저 먹으러 달려갈 정도입니다.

살이 찌지 않도록 균형 맞추어 영양을 섭취하고 싶지만, 먹는 건 참을 수 없다! 그럴 때는 평소보다 오래 달립니다. 그렇게 하면 '이 만큼 달렸으니까 죄책감 없이 먹을 수 있다!'는 긍정적인 기분으로 운동도 식사도 할 수 있습니다.

하지만 열량계산은 복잡하고 귀찮은 것이지요! 실은 대략적인 소비열량을 아주 간단한 계산으로 알 수 있습니다.

소비열량 ≒ 자기의 체중(kg) × 달린 거리(km)

체중이 80kg인 사람이 3km 달리면 약 240kcal를 소비할 수 있고, 60kg인 사람이 5km를 달리면 약 300kcal를 소비할 수 있습니다. 어떤가요? 간단하지요!

다이어트 스위치 ⏻ 달렸을 때의 자신의 소비열량을 파악한다.

25 * 확실하게 살이 빠지는 다이어트 계획을 세우는 방법

소비열량을 계산할 수 있으면 살을 빼기 위한 계획을 세우기 쉬워집니다.

처음에 ○○kg 살을 뺀다고 결정하셨지요!

빼야 하는 목표는 몸의 수분과 근육이 아니라 지방입니다. 1kg인가, 10kg인가? 기한은 1개월인가, 1년인가?

소비열량에서 거꾸로 계산하여 습관적으로 할 수 있는 기간을 집어넣으면 계획이 세워집니다. 여기서 체중 80kg인 사람이 반년 만에 8kg의 체지방을 빼는 계획을 세워보겠습니다.

1kg의 체지방을 빼려면 지금 생활에 더하여 7200kcal의 에너지를 소비해야만 합니다(1g 당 7.2kcal). 6개월 동안 8kg 빼고 싶은 경우, 1개월에 약 1.3kg의 체지방을 뺄 필요가 있고, 이것을 일주일로 환산하면 약 333g입니다. 이 지방을 연소하는 데 필요한 에너지양은 333×7.2=약 2400kcal입니다. 체중 80kg인 사람이 달려서 소비한다고 하면 2400÷80=30이 됩니다. 즉 1주일 동안

30km를 달리면 6개월 만에 8kg 감량하는 계획이 세워집니다.

이대로라면 주 3일이면 1회 10km, 주 2일이면 1회 15km를 달려야 합니다. 이것은 참으로 초보자에게는 어려운 조건입니다. 그렇다면 달리는 횟수를 늘리거나 아니면 목표 달성까지의 기간을 늘리면 좋습니다. 주 5일 달린다면 1회 6km가 됩니다. 이것도 상당히 어렵습니다. 그러면 목표 기간을 1년으로 늘립니다. 이렇게 하면 15km를 주 3~5일에 걸쳐 달리면 됩니다.

물론 살을 빨리 빼고 싶은 마음은 잘 알고 있습니다. 저의 고객도 대부분이 그렇게 말합니다. 하지만 빨리 빼려고 하면 그만큼 힘든 운동과 식사제한이 필요합니다. 넘어야 할 문턱이 높아질수록 지속하기 힘들고, 실패할 확률도 높아집니다. 열심히 해도 목표에 도달할 수 없다면 처음부터 무리하지 않는 편이 좋습니다.

천 리 길도 한 걸음부터! 나도 모르게 살이 쪄버린 몸도 꾸준히 달리면 어느새 살이 빠지고 단단해집니다.

 다이어트 스위치 목표 체중에서 역산하여 계획을 세운다.

26 * 지방연소에 적합한 방법은 "천천히 오래 달린다"

몸을 움직이면 에너지가 소비되고, 그 에너지는 체내의 지방질과 당질에서 얻는다. ……어쩐지 어렵게 들리지만, 간단히 말하자면 몸에 저축한 지방과 음식을 태워서 운동하고 있다는 뜻입니다.

아주 가벼운 운동, 이를테면 걷기를 하면 지방질과 당질이 비슷한 비율로 소비됩니다. 천천히 뛰어도 이 비율은 바뀌지 않는데, 뛰는 것은 걷는 것보다 힘든 운동이므로 소비에너지는 올라갑니다. **시속 6km 속도로 걷던 것을 시속 8km로 달리게 되면 소비열량은 약 2배가 됩니다.** 더욱 많은 체지방을 태울 수 있습니다. '그렇다면 빨리 달리면 되겠네요'라고 생각하기 쉽지만, 속도를 올리면 장시간 달릴 수 없습니다. 게다가 지방질이 아니라 당질만 사용되게 됩니다. 이것이 천천히 달리는 편이 살을 뺄 수 있는(=체지방이 빠진다) 이유입니다.

오래 달리는 만큼 많은 열량을 소비할 수 있으므로 천천히 그리고 오래 달리는 것이 가장 높은 지방연소율을 바라볼 수 있습니다.

짧은 시간에 빨리 달리는 것으로는 체지방의 소비량을 올릴 수 없다

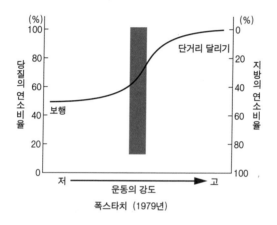

폭스타치 (1979년)

걷거나 천천히 달리거나 하는 동안은 지방을 연소할 수 있는 비율이 높은데, 속도를 올림에 따라 사용되는 지방의 비율이 줄어든다. 어느 일정 속도를 넘으면 급격하게 지방이 사용되는 비율이 줄어 운동을 계속할 수 없게 된다. 결과적으로 소비열량은 올릴 수 없다.

경기를 경험한 사람은 천천히 뛰는 것과 쿨 다운의 속도라고 말하면 대개 이해하는데, 경험이 없는 사람들은 천천히 달리는 속도를 알 수 없다고 자주 지적합니다. 제가 평소 기준으로 말하는 것이 좀 전에 소개한 시속 8km입니다. 그렇게 말해도 어떻게 측정할지 몰라 불안한 사람은 안심하세요.

스마트폰의 달리기 앱을 활용하면 누구라도 간단히 파악할 수 있습니다. 앱을 내려받은 뒤 스마트폰을 휴대하고 뛰기만 하면 됩니다. 거리와 시간, 속도까지 측정해 주므로 항상 속도를 확인하면서 달릴 수 있습니다. 익숙해지면 시속 8.5~9km까지 올려도 좋습니다.

이 속도를 쉽게 설명한다면 달리기와 걷기의 경계라 할 수 있습니다. 걷기로 이 이상 빨리 걸을 수 없는 속도까지 서서히 올려 그 속도감을 유지하면서 달립시다.

너무 힘들게 몸을 몰아붙이면 오히려 살을 빼는 효율도 의욕도 저하합니다. 어떻게 운동 강도를 심하게 올리지 않고 끝까지 뛰느냐가 효율적으로 지방을 태우는 요점입니다!

다이어트
스위치 ⏻ '천천히 오랫동안'을 명심한다.

27 * 좀 더 빨리 살을 빼고 싶으면 어떻게 할까?

시속 8km의 속도로 주 2~3일, 3~5km의 거리를 편안하게 달릴 수 있게 되었다면 그 다음은 어떻게 할까?

고통스럽지 않은 범위에서 약간 속도를 올려도 좋고, 시간을 할애해 거리를 늘려도 좋습니다. 당신이 즐길 수 있고 동기 부여할 수 있는 범위에서 한 단계 올리도록 합시다.

같은 30분 동안 달리기라도 1km당 7.5분 걸리던 사람이 6분 만에 편안하게 뛸 수 있게 되면 거리는 4km에서 5km로 늘어납니다. 속도는 바뀌지 않아도 주 2일, 5km를 달리던 사람이 7km 달릴 수 있게 되면 주 3일 운동한 거리를 마칠 수 있습니다. 물론 거리가 늘어난 만큼 소비열량도 올라갑니다. '오늘은 지방을 엄청나게 태웠어!'라는 기분에 의욕도 더욱 솟구칠 것입니다.

다이어트 스위치 ⏻ 지방을 가장 많이 태울 수 있는 달리기로 한 단계 올린다.

28 * 지나치게 자세에 집착하는 일은 그만두세요

"다리를 의식적으로 들어 올리거나 차내거나 하면 넓적다리부터 살이 빠지나요? 그리고 힙 업도 되나요?"

지금까지 많은 여성에게 이런 질문을 받아왔습니다. 이외에도 한창 달리는 중에 잠깐 허리를 좌우로 뒤틀어 본다, 양팔을 열심히 뒤로 밀어올린다, 배를 주물러 보는 등 여러 동작을 하며 달리는 사람을 자주 볼 수 있습니다.

하지만 유감스럽게도 아무것도 효과는 없습니다.

어차피 달리는데 하는 김에 신경 쓰이는 부위의 지방을 빼고 싶은 마음의 표현이겠지요. 부분적 살 빼기는 욕망이 빚어낸 환상 같은 것입니다. 달리면서 자연스럽지 않은 동작을 해봤자 살이 빠지지 않을 뿐 아니라 몸 일부에 부담을 주어 불필요한 피로감을 느낄 뿐입니다.

〈체지방이 빠지는 달리기〉의 좋은 자세는 바로 당신이 가장 편안하게 오랫동안 계속 달릴 수 있는 자세입니다. 발에 맞는 운동화를 신고, 가능한 한 긴 거리를 달리는 것이 이상한 동작을 하는 것보다 단연코 많은 열량을 소비할 수 있고, 효율적으로 지방을 태울 수 있습니다. 무엇보다 부자연스러운 동작을 하면 부상 위험이 많아집니다.

바른 자세를 고집하는 사람도 있지만 지나치게 신경 써서 이것저것 꼭 해야만 하는 것을 늘리면, 사람에 따라서는 지속적인 달리기를 방해하는 족쇄가 됩니다. 무엇보다 달리는 것 자체가 목적이 되어야 합니다. 자세는 '정식 마라톤 완주를 목표로 뛰고 싶다'와 같은 생각이 들었을 때 익혀도 늦지 않습니다. 여기까지 도달하면 달리기 전문 트레이너와 상담하는 게 좋습니다.

〈체지방이 빠지는 달리기〉에서 자세에 대해 조언을 하자면 다음 2가지 점입니다. 두 가지의 경우 모두 부상과 장애로 이어지기 쉬우므로 다음과 같은 경험이 있다면 의식해서 자세를 고쳐보도록 합시다.

① 뒤 중심인 사람
여성 중에서도 특히 굽이 높은 구두를 늘 신는 사람에게 많은

데, 중심이 뒤가 되는 후경중심입니다. 이것은 발뒤꿈치의 위치가 높은 만큼 체중이 실려 몸이 젖혀질 것 같은 자세가 버릇이 된 경우입니다. 남성도 배가 나온 사람에게서 많이 볼 수 있습니다.

뒤꿈치에만 체중이 실리는 자세로 뛰면 넓적다리 앞면에서 몸을 지탱하게 되기 때문에 넓적다리 앞이 탱탱해집니다. 그 때문에 조금 걷거나 달린 것만으로도 피로를 느끼기 쉽습니다. 이런 유형의 사람은 넓적다리 안쪽 근육도 확실하게 써서 달리면 먼 거리를 쉽게 달릴 수 있게 됩니다. 가볍게 앞으로 쏠리는 자세를 머릿속으로 그리면서 달리면 좋습니다.

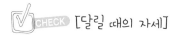 [달릴 때의 자세]

② 뒤꿈치 착지를 심하게 의식하는 사람

달릴 때는 뒤꿈치부터 착지하면 좋다는 이야기를 자주 들어보았을 것입니다. 하지만 뒤꿈치부터 착지를 의식한 나머지 부자연스럽게 발끝을 들어 올리면, 착지를 반복하는 사이에 장애를 일으킬 위험이 커집니다. 특히 장딴지의 유연성이 낮고 정강이 근력이 약한 사람은 주의가 필요합니다. 착지는 중족부(약지~새끼발가락 아래 불룩 튀어나온 부분)부터 하면 다리에 주는 충격과 부담이 적어 안전합니다.

 [중족부의 위치]

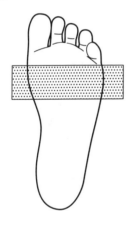

중족부란 점선으로 표시한 부분. 뒤꿈치로 강하게 착지를 반복하면 무릎 등에도 부담을 주기 쉬우므로 주의합시다.

 자신이 편안하게 달릴 수 있는 자세를 유지한다.

29 * 승부의 갈림길은 달리면서 극적으로 몸이 편해지는 순간

〈체지방이 빠지는 달리기〉에서는 자기가 편안한 속도로 지속해서 달리는 것을 권합니다. 하지만 달리는 게 익숙하지 않거나 편안한 속도를 파악하지 못하면 고통스럽고 힘들게 느껴지는 시간대가 생기는 경우도 있습니다. 달리기에 익숙하다 해도 속도를 잘못 조절하거나 몸 상태가 나쁘면 이렇게 됩니다.

제가 지도하던 모델 중에 맨 처음 100m를 달린 정도로 "더는 무리예요. 힘들어서 죽을 것 같아요!"라며 언제나 죽는 소리를 하는 사람이 있었습니다. 그럴 때 저는 "이 순간만 지나가면 편안해지니까 조금만 더 힘을 내세요!"라고 같이 달리면서 격려합니다.

최고 운동선수에게 물어도 "뛰기 시작했을 때가 가장 힘들다"고 답하는 사람이 많습니다. 저 자신도 출발하고 나서 3km 정도까지는 정말 힘들다고 느끼며 매번 '아, 오늘은 이만하자!'라며 마음속으로 갈등합니다.

그래도 3km를 넘으면 문득 몸이 가벼워지는 순간이 찾아옵니다.

왜 이런 느낌이 오는지 설명하겠습니다.

몸을 움직이려고 하면 우선 '움직이는 근육에 대량의 혈액을 보내야만 해!'라고 반응합니다. 움직이지 않고 있을 때는 피의 흐름이 많지 않습니다. 그런데 갑자기 커다란 근육이 있는 하반신을 중심으로 움직이기 위해서 몸은 산소를 받아들이고 혈액을 보내는 등 완전가동하게 됩니다. 이때 몸은 상당한 부담을 느끼게 되므로 괴롭고 힘든 것입니다.

하지만 그사이 심장이나 근육도 달릴 준비를 하게 됩니다. 차와 마찬가지로 공회전 되어 단번에 몸이 가벼워지고 쑥 앞으로 나갈 수 있게 됩니다.

그 순간이 언제 찾아오는지는 개인차가 있습니다. 나는 3km인데, 1km, 2km, 5km인 사람도 있습니다. 저 자신도 몸의 상태에 따라 3km에서 벗어나는 날도 있는가 하면, 10km 달렸을 무렵에 겨우 몸이 가벼워지는 날도 있습니다. 하지만 분명히 스윽 편안하게 달릴 수 있는 순간은 찾아옵니다.

그러므로 목표 거리를 다 달리기 전에 '피곤해', '오늘은 무리야'

라며 금방 포기하지 마세요! 아마 이 순간이 오면 더욱더 편안하게 오랫동안 달릴 수 있을지도 모릅니다. 오래 달릴수록 몸 안에 쌓인 지방을 많이 태울 수 있으므로 꼭 도전해 보시길 바랍니다.

고통스러워도 극단적으로 몸 상태가 나쁜 것이 아니라면 몸이 준비 중인 것입니다. 달릴 수 없을 리가 없습니다. 힘든 것은 맨 처음뿐입니다. 계속 달리면 나도 모르게 웃을 만큼 상쾌한 기분으로 달릴 수 있는 순간이 찾아옵니다.

이것을 알면 이미 달리기 중독입니다.

다이어트 스위치 ⏻ 힘든 시간대를 이겨내 거리와 시간을 늘린다.

달릴까, 달리지 말까.

당신에게 가장 적합한 〈체지방이 빠지는 달리기〉를 몸에 익히려면 이런 모 아니면 도라는 사고방식도 버려야 합니다.

인간의 뇌는 성취감을 느끼면 하고자 하는 의욕을 지속하고, 실패가 많아지면 의욕을 잃는 성질을 갖고 있습니다. 이를테면 달리기 코스가 하나라면 결과는 모 아니면 도, 즉 실패 아니면 성공의 두 가지 선택밖에 없습니다. 여기에 10% 정도의 성공이라면 의미가 없을지도 모르지만 50% 혹은 30%의 성공유형을 준비하는 것이 중요합니다. 이것이 있는 것만으로도 실패의 체험을 훨씬 줄여 '역시 나는 할 수 없어'라며 자신을 책망하고 좌절하는 것을 막을 수 있습니다.

그 구체적인 방법의 하나가 여러 유형의 달리기 코스를 준비하는 것입니다.

저도 항상 저만의 10km(약 1시간 코스)와 6km(약 30분 코스) 코스를 준비합니다. 10km 코스밖에 없으면 귀가 시간이 늦어 1시간씩이나 운동하기 힘든 날은 쉴 수밖에 없습니다. 하지만 6km 코스가 있으면 '1시간은 힘들지만 30분은 할 수 있지!'하고 그 날의 몸 상태와 일정에 맞추어 조절할 수 있습니다. 10km를 달리지는 못하지만, 제로(실패)가 아닌 60%의 목표를 달성할 수 있습니다.

한번에 5km 달리기로 정했어도 10km, 5km, 3km의 3가지 유형 정도의 코스를 준비하고 그날의 기분과 몸 상태에 따라 골라서 달리는 것도 좋습니다. '주 3일 5km 달리기'의 목표가 '주 3일 3km'가 되었다 해도 주 3일 달렸다는 것이 성공 체험으로 머리에 입력됩니다.

그러면 이번 주는 목표를 달성했으니 다음 주도 분명 달릴 수 있다는 가능성을 품게 되고, 이것이 곧 지속할 힘으로 이어집니다. 이 가능성은 전문적으로 셀프 에피커시(자기효능감)라 하는데 다이어트를 지속하는 사람에게 보이는 정신 특징입니다.

저의 고객 중에도 많은 사람이 경치와 거리가 다른 4, 5가지 유형의 코스를 준비합니다. 선택지가 늘어날수록 실패 체험은 줄일 수 있으므로 하고 싶은 마음도 지속할 수 있습니다!

다이어트 스위치 ⏻ 달리는 코스를 여러 개 준비한다.

31 * "안 하는 것보다 낫다" 정도라면 차라리 쉬자

"피곤해서 뛸 수 없는 날에는 일하고 돌아오는 길에 한 정거장 정도 걸어요. 안 하는 것보다야 낫지요?"

다이어트 취재에서 판에 박힌 듯 듣는 질문입니다. 이런 질문을 받을 때마다 "그래서는 의미가 없지요"라고 대답합니다. 그 정도 운동으로는 강도가 너무 낮아서 살을 빼고 싶은 사람이 무리하게 한다 해도 그다지 의미가 없습니다.

죄책감에 등 떠밀려 무리하게 걸어보았자 몸에 주는 자극은 약하고, 상쾌하거나, 성취감도 얻을 수 없습니다. 거꾸로 참고 걸은 피로감 때문에 깜박 잊고 초콜릿 몇 조각을 먹기라도 한다면 순식간에 섭취 열량이 초과합니다.

아무래도 시간이 없거나 기분이 나지 않는 날은 과감하게 쉽니다. '쉰 것만큼 내일은 열심히 하자!'라고 기분 전환하는 편이 동기부여도 유지할 수 있습니다.

다이어트 스위치 ⏻ 동기부여를 낭비하지 않는다.

32 * 뛰는 것에 익숙해지면
살은 빠지지 않는다?

〈체지방이 빠지는 달리기〉의 콘텐츠를 생각하고 있을 때, 한 달 동안 80km는 아무렇지도 않게 달릴 수 있게 되었다는 남성에게 이런 질문을 받았습니다.

"어느 정도 오랫동안 달릴 수 있게 되면 같은 속도로 같은 거리를 달려봤자 살이 빠지는 효과는 떨어지지 않나요?"

달리기에 익숙하지 않을 때는 확실히 몸에 쓸데없는 힘이 들어가기 때문에 에너지를 사용합니다. 물론 달리기에 익숙해지면 온몸으로 힘쓰는 게 없어지고 편안하게 달리는 에너지 절약형 상태가 됩니다. "소비 열량이 줄어들었나?"하는 의문은 정곡을 찌르는 질문입니다.

실은 기술을 필요로 하는 스포츠일수록 기능이 숙달되면 소비 열량이 현저히 떨어집니다. 이를테면 수영이 있습니다. 수영에 익숙하지 않은 초보자가 25m를 헤엄치려면 엄청난 에너지를 사용합니다. 하지만 헤엄이 능숙해지면 25m 정도는 걷는 것과 마찬가지 느낌이고 자면서도 헤엄칠 수 있을 정도로 편안해집니다.

테니스도 그렇습니다. 기술이 동반되지 않으면 상대가 되받아친 공을 쫓아다니는 것도 다시 공을 되받아치는 것도 하나하나 온 힘을 다해야 합니다. 하지만 능숙해지면 차를 마시면서도 되받아칠 수 있다고 생각될 만큼 몸을 잘 쓸 수 있게 되고 힘이 들지 않습니다.

하지만 너무 걱정하지 마세요.

달리기는 고도의 기술을 필요로 하지 않는 만큼 자세에 낭비가 없어졌다 해도 다른 스포츠처럼 소비 열량이 대폭으로 줄어드는 일은 없습니다. 오히려 속도가 올라가면 달리는 거리도 늘어나기 때문에 소비 열량은 크게 올라갑니다.

이를테면 편안하게 달릴 수 있는 속도가 시속 8km였던 것을 시속 10km로 올렸다면 시간당 소비 열량의 양은 25% 정도 올라갑니다. 이것이 쌓이고 쌓이면 굉장한 것이 되겠지요!

33 * 지방연소를 최대화하는 아이템, 심박계란?

심박 수란 온몸에 혈액을 내보내기 위해 1분간 심장이 뛰는 횟수를 말합니다. 목이나 손목에서 재는 맥박이라 하면 알기 쉬울지도 모릅니다.

인간이 살아있을 수 있는 심박 수의 최고 한계를 최대심박수라 부릅니다. '더는 못해. 한계야!'라고 느낄 만큼 힘든 운동을 하고 있을 때의 심박 수는 최대심박수의 90~95%라고 합니다. 이 심박 수가 〈체지방이 빠지는 달리기〉의 중요한 열쇠를 쥐고 있습니다.

다음 쪽의 표를 봐주세요. 지방연소율이 높고 게다가 더욱 많은 지방을 소비할 수 있는 것은 최대심박수에 대해 60~80%의 운동을 하고 있을 때입니다. 그 이상이면 지방질이 사용되는 비율이 극단적으로 줄고, 이하면 양이 줄기 때문에 효율적이지 않습니다. 사실 이 심박 수를 유지하지 못해 손해를 보는 경우가 많습니다.

최대심박수의 60~80%의 운동 강도를 주관적으로 설명하자면 '조금 힘들게 느끼는 속도로 달리기'라 표현하겠습니다. 하지만 실제로는 조금 힘들다고 느끼는 속도가 사람마다 제각각입니다. 체질과 과거의 운동 경험에 따라 큰 차이가 발생합니다.

최대심박수의 60~80%로 달리는 것이 체지방 연소에 가장 적합

최대심박수비	운동강도	지속시간	체감	목적
90~95%	최대한 maximum	매우 짧다	매우 힘들다	운동능력의 향상
80~90%	높다 hard	짧다	힘들다	지구력을 높인다
60~80%	중정도 moderate	중정도~ 길다	조금 힘들다~ 가볍다	지방연소
50~60%	경도 light	길다	가볍다	유산소운동에 익숙해진다

최대심박수의 50~60%가 되는 운동의 기준은 대화하면서 할 수 있는 씩씩하고 활기차게 걷기와 가벼운 건강달리기 정도. 80~90%가 되는 운동의 기준은 숨이 끊어질 정도로 빠른 속도의 달리기. 그 중간의 편하지는 않다 혹은 조금 힘들다고 느끼는 속도가 지방연소에 가장 적합하다

다음에 있는 그래프의 데이터는 모두 "자신이 조금 힘들다고 느끼는 속도로 달리세요"라는 말을 듣고 60분 동안 달렸을 때의

심박 수를 잰 것입니다. 그리고 효과적으로 지방연소가 가능한 목표 심박 수를 나타낸 것이 회색 띠입니다. 본인의 주관과 실제로 유지해야만 하는 심박 수가 얼마나 크게 차이 나는지 일목요연하게 알 수 있습니다.

CASE 1 지방연소 범위에서 달린 것은 불과 전체 시간의 절반 정도

(40대 여성, 가벼운 운동만)

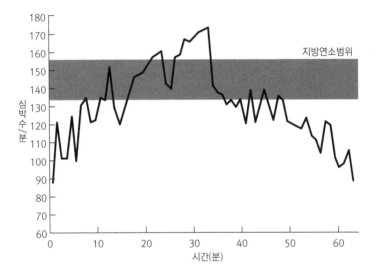

- 40세·여성/안정했을 때 심박수 64
- 키 155cm 몸무게 51kg
- 운동경험 : 달리기, 요가
- 코스 : 높낮이 차이가 있는 포장도로

앞의 그래프는 과거에 달리기 경험이 있어서 일정 속도로 달리는 습관이 붙은 사람입니다. 달리는 코스에 높낮이의 차이가 있어도 일정한 속도로 뛰기 때문에 오르막길 등 운동 강도가 높아지는 곳에서는 한층 심박 수가 올라가고 평지로 들어서면 내려갔습니다.

CASE 2 단 1초도 지방연소 범위에 들어가지 못함

(50대 여성, 운동 경험 없음)

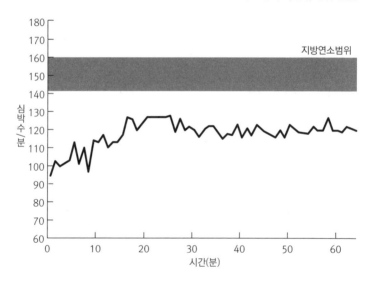

- 50세·여성/안정했을 때 심박수 83
- 키 166cm 몸무게 62kg
- 운동경험 : 걷기
- 코스 : 평평한 포장도로

앞 그래프의 여성은 "나카노 씨, 힘들어 죽겠어요!"라고 말하며 달렸습니다. 하지만 운동생리학상 전혀 지방연소 강도에 닿지 못하는 속도입니다. 그녀는 운동습관이 전혀 없다고 할 수 있으므로 일상생활에서 심박 수가 올라간 일이 거의 없습니다. 그러니까 가벼운 건강달리기 정도라도 '죽겠다!'고 느끼는 것입니다.

CASE 3 심박 수의 부침이 격렬하고 아직 더 지방연소효율을 올릴 수 있음 (40대 남성, 운동 경험자)

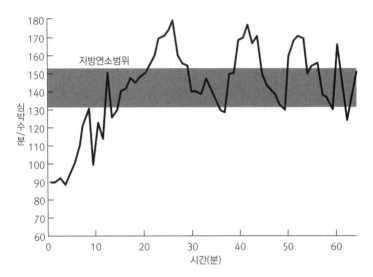

- 42세 · 남성/안정했을 때 심박수 64
- 키 171cm 몸무게 88kg
- 운동경험 : 학생 시절 미국 소프트볼 선수
- 코스 : 높낮이 차이가 있는 포장도로

앞 그래프의 사람은 운동경험이 있으므로 체감하는 운동 강도와 심박 수가 어느 정도 연결되어 있습니다. 그러니까 지방연소범위에 들어가 있는 시간이 깁니다. 단지 몸이 힘들어지면 속도를 내리고 여유가 생기면 다시 올리는 일을 반복했기 때문에 기복이 심한 것이 아쉽습니다.

60분 동안 자기 의지대로 계속 달려도 지방연소 범위에 들어가 있는 시간이 조금밖에 되지 않는다면 무척 아까운 일입니다. 그렇다면 30분 동안 항상 지방연소 범위로 달리는 것이 단연 효율이 높을 수밖에 없습니다. 그래서 등장한 것이 각자의 나이와 안정했을 때의 심박 수로 가장 적합한 지방연소 포인트를 산출해내는 계산 식 '카르보넨 공식'입니다.

즉시 내일 아침 안정했을 때의 심박 수를 재주세요. 재는 방법은 아침에 눈을 뜨면 상반신을 일으켜서 손목 안쪽의 혈관에 검지, 중지, 약지 손가락을 댑니다. 그리고 30초간 박동을 세고 '30초간 박동×2'로 1분 동안의 안정 시 심박 수를 산출합니다.

천천히 오래 달릴 수 있게 되었다면 그다음은 가장 효율적으로 살을 뺄 수 있는 속도로 지방연소 기어를 단숨에 올립시다. **심박 수를 활용한 '심장박동러닝'을 하게 되면 당신의 체지방을 가**

장 효율적으로 태우는 속도로 계속 달릴 수 있습니다!

 [체지방이 빠지는 심박 수 계산식]

카르보넨 공식

(220-나이-안정 시 심박 수) × 0.6~0.8 + 안정 시 심박 수 = 목표 심박 수

'초보자에게 심박계처럼 제대로 된 장비는 아까워요'라고 생각했다면 그건 착각입니다. 저는 일반 러너야말로 심박계를 사용해야 한다고 생각합니다.

최고 운동선수는 일어났을 때와 운동할 때 심박 수를 재는 것을 당연한 일로 여깁니다. 그들이야말로 오랜 기간 경험으로 도구에 의지하지 않고도 자신의 심박 수를 파악할 수 있습니다. 프로 테니스 선수인 다테 키미코 씨 정도의 수준이 되면 매번 거의 정확한 수치를 알아맞힐 정도입니다.

보통 사람은 그렇게 할 수 없으니까 심박계가 필요한 것입니다. 심박계를 이용하면 '아, 이 정도 숨이 찰 때 지방연소 범위에 들어가는구나!'하고 몸의 상태를 파악할 수 있게 됩니다. 시간이 지나면 심박계를 몸에 달지 않을 때도 지방연소 범위에서 달릴 수 있게 됩니다.

이렇게까지 심박계를 고집하는 것은 범위 아래로 떨어지면 시간당 지방을 태우는 양이 순식간에 20~30% 줄어들고, 위로 올라가면 지방연소율이 80%나 내려가고 오래 계속 달릴 수 없기 때문입니다.

심박계는 벨트로 가슴에 두른 감지기로 박동을 재는 유형과 손목에서 재는 유형이 있습니다. 가격대도 다양합니다.

① 목표 심박 수를 등록할 수 있다

② 목표 심박 수에서 벗어나면 알람, 음성, 빛 등으로 알려 준다

이런 기능이 있는 유형을 고르도록 합시다.

제가 이용하는 것은 감지기로 손목에서 정확한 심박 수를 재는 유형입니다.

심박계가 없는 경우는 정밀함은 떨어지지만, 손으로 재도록 합시다. 멈춰 서자마자 즉시 심박 수가 내려가기 때문에 달리면서 재는 것이 가장 좋습니다. 손목 안쪽의 혈관에 검지, 중지, 약지를 대고 10초간 박동을 세어봅니다. '10초 동안의 박동 × 6'으로 1분간의 심박 수를 계산해 주세요.

달리면서 재기 어려운 사람은 속도가 안정된 지점에서 다리를 멈추고 곧바로 10초간 잽니다. 맥박이 내려가기 전에 재는 것이 오차를 줄이는 비결입니다. 최근에는 스마트 워치로 간편하게 심박수를 측정할 수 있습니다.

다이어트 스위치 ⏻ 목표 심박 수를 유지하며 달린다.

34 * 한 달 동안 달리고
체중이 줄지 않았다면

살을 빼고 싶어 달리기를 시작했지만, 몸무게에 일희일비해서는 안 됩니다.

확실하게 말씀드리겠습니다.

단 1개월만으로 몸무게는 크게 바뀌지 않습니다. 오히려 한 달만에 몸무게가 왕창 줄었다면 섭취 열량을 너무 많이 줄였기 때문입니다. 식사량을 대폭 줄인 것으로 인한 에너지 부족으로 지방보다 분해되기 쉬운 근육이 빠져나가 거꾸로 대사가 낮아져 살이 빠지기 힘든 몸이 될 염려가 있습니다. 혹시 1개월 만에 피를 토하는 심정으로 엄청나게 감량했다 해도 필시 근육만 줄고 지방은 그다지 줄지 않았을 것입니다. 일시적으로 체중이 줄었다 해도 진정한 의미로는 살이 빠진 것이 아닙니다.

생각해 보세요. 지금까지 몇 년이나 살이 빠지지 않았는데 1~2개월 만에 몸무게가 확 줄어들다니 이런 좋은 이야기가 있을까요? 몸무게는 오랜 세월에 걸쳐 지금의 수치로 정착했습니다. 그리고 1개월 만에 체중을 심하게 줄이면 지방이라는 이자가 붙어 되돌아올 위험이 큽니다. 단 한 달 만에 살을 뺐다, 못 뺐다 하며 몸무게의 증감에 휘둘리지 말고 자신의 몸과 제대로 마주하는 것이 중요합니다.

아울러 제가 달리기를 시작했을 때는 한 달간 100km를 달려도 반년 동안 몸무게도 체지방도 전혀 줄지 않았습니다. 저는 뚱뚱했던(키 178cm에 최고 몸무게 92kg) 과거가 있어서 살을 빼기 어려운 체질이 되었던 것일지도 모릅니다.

"나카노 씨는 몸만들기 전문가시니까 냉정하게 대처할 수 있었겠지요"라고 말할지 모르지만 그런 저도 이때만큼은 좌절할 뻔했습니다.

눈에 띄게 몸무게가 줄지 않으면 아무리 해도 성과가 나지 않는다고 생각할지 모릅니다. 하지만 몸속은 날마다 변화하고 있습니다. 지금까지 달리지 않던 사람이 달리기 시작했으니까 바뀌는 건 틀림없습니다. 근육이 단단하게 붙고, 기초대사가 크게 변화하는 현상은 운동을 시작하고 최저 2개월 이상 지난 후부터 나타납니다. 몸무게도 빠지고 되돌아오기를 반복하며, 그래프로 보면 지그재그를 그리며 조금씩 떨어집니다.

기대하던 것보다 체중이 줄지 않더라도 너무 실망하지 말고 체지방률와 근육량, 양복 치수에 주목해 보세요. 배와 허리 주위가 말쑥해졌다, 다리가 단단해졌다 등 체중에는 나타나지 않는 분명한 변화를 알아차릴 것입니다.

그리고 다른 사람과 견주며 나만 살이 빠지지 않는다고 실망할 필요도 없습니다. 살이 빠지는 속도는 사람마다 제각각입니다. 똑같은 운동, 똑같은 식생활이라도 2개월 만에 눈에 보이게 성과를 올리는 사람도 있는가 하면 2~3년 만에 겨우 변화하는 사람도 있습니다. 얼굴 모양과 성격이 사람마다 다르듯이 살이 빠지는 속도, 근육이 붙는 모습, 군더더기 살이 빠지는 부위도 십인십색입니다.

특별한 치료를 받고 있지 않은 한, 이 세상에 살이 빠지지 않는 사람은 없습니다.

1개월 만에 마이너스 5kg은 가능한가

여기서 〈체지방이 빠지는 달리기〉를 실천해서 빠지는 이상적인 체중 변동에 대해서도 말씀드리겠습니다. 실감하기 쉬워 그런지 가장 많은 요청이 것이 "1개월 만에 체중을 5kg 줄이고 싶다!"입니다.

이것만은 꼭 명심했으면 좋겠습니다. 의학적 견지로도 1개월 만에 몸무게의 5% 이상을 감량하면 원래 체중으로 되돌아올 비율이 80~90%가 된다는 사실입니다. 게다가 돌아오는 것에 그치지 않고 원래 몸보다 살을 빼기 어렵다는 덤까지 붙어 옵니다.

체중이 70kg인 사람이 빼도 좋은 수치는 1개월에 3.5kg까지입니다. 만약 1개월에 5kg이 줄었다 해도 빠진 내용을 보면 보통 지방보다 근육 쪽이 훨씬 많습니다. 왜냐하면, 급격하게 체중을 줄이면 몸은 위기감을 느끼고 지방보다 에너지 소비량이 많은 근육을 분해하기 때문입니다. 이 위기관리능력에는 천천히 달리는 정도로 대항할 수 없습니다. 압도적인 강도와 횟수의 근력운동 등이 필요하고 그것을 계속해야만 합니다. 물론 몸과 마음에 상당히 큰 부담을 주게 됩니다.

지나친 속도로 체중을 감량하여 근육량을 줄이면 다이어트 성공과 건강유지에도 위험 신호가 켜집니다. 그러므로 1개월에 마이너스 5kg의 감량은 체지방을 빼고 싶은 사람에게는 전혀 권할 수 없는 수치입니다.

일반적인 체형의 사람이 계획적인 감량 계획에 따라 착실하게 살을 빼는 속도는 몸무게로 말하면 한 달에 약 1~2kg이 기준입니다. 체지방량이 줄고 근육이 늘면 달리는 거리도 자연히 늘어나겠지요. 반년 계속하면 5kg의 목표도 확실하게 달성할 수 있습니다. 살 빼기 쉽고 살찌기 어려운 몸도 유지할 수 있습니다.

다이어트
스위치 ⏻ 몸무게 이외의 변화에 민감해진다.

다이어트 스위치 ⏻ **CHAPTER 2**

⏻ 왜 살을 빼고 싶은지 구체적으로 기록한다

⏻ 나한테 가장 잘 맞는 신발을 신는다

⏻ 체온을 심하게 올리지 않고 빨리 마르는 소재의 옷으로 갈아입는다

⏻ 지속 가능한 횟수를 생활에 집어넣는다

⏻ 달렸을 때의 자신의 소비열량을 파악한다

⏻ 목표 체중에서 역산하여 계획을 세운다

⏻ '천천히 오랫동안'을 명심한다

⏻ 지방을 가장 많이 태울 수 있는 달리기로 한 단계 올린다

⏻ 자신이 편안하게 달릴 수 있는 자세를 유지한다

⏻ 힘든 시간대를 이겨내 거리와 시간을 늘린다

⏻ 달리는 코스를 여러 개 준비한다

⏻ 동기부여를 낭비하지 않는다

⏻ 목표 심박 수를 유지하며 달린다

⏻ 몸무게 이외의 변화에 민감해진다

CHAPTER 3

더욱 효율적으로
살을 빼기 위한
〈다이어트 부스트〉
- 몸만들기 편

35 * 몸무게는 원래 수치로
돌아가고 싶어 하는 습성이 있다

"어제 맥주를 참고 안 마셨더니 체중이 줄었다!", "밥 먹고 아이스크림을 두 개나 먹었더니 체중이 늘었다!"고 말하는 사람이 있는데, 음식의 내용에 따른 수백 그램의 증감은 살이 빠지고 찐 것을 나타내는 수치가 아닙니다. 이것은 단순히 먹고 마신 음식의 무게입니다. 매일 체중계에 올라가 그램 단위의 체중 증감을 신경 쓰는 것은 어리석은 일입니다.

인간의 몸에는 본디 항상성(오메오스타시스)이라는 기능이 갖추어져 있습니다. 이것은 체온과 혈압, 혈중 호르몬의 농도 등 뇌가 적정하다고 판단한 '세트포인트'라 불리는 수치를 유지하려는 힘입니다.

이를테면 몸은 바깥 기온이 낮으면 몸을 흔들어 열을 발산해 체온이 내려가는 것을 방지합니다. 거꾸로 기온이 높으면 체내의 열을 땀으로 방출해 체온의 상승을 억제합니다. 이 체온조절도 항상성에 따른 것입니다. 그리고 체중에도 뇌가 적정하다고 판단하는 수치(세트포인트)가 있습니다.

지나치게 음식의 양을 제한하면 당연히 체중은 일시적으로 줄어듭니다. 그러나 뇌는 원래의 체중이 적정(세트포인트)하다고 믿고 있으므로 갑자기 체중이 줄면 소비에너지를 줄이거나 식욕을 조절하거나 해서 어떻게든 원래 몸무게로 되돌리려고 움직이기 시작합니다.

너무 많이 먹어도 너무 적게 먹어도 체중은 원래대로 돌아가려고 한다

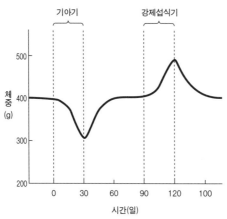

※〈식욕의 과학〉(고단샤)에서 인용

한 달 동안 음식량을 상당히 줄여 체중이 빠졌다 해도 음식량을 되돌리면 거의 같은 기간에 체중은 본래 무게로 돌아온다. 거꾸로 한 달 동안 음식량을 많이 늘려 체중이 늘었다고 해도, 양을 원래대로 되돌리면 체중도 원래 수치까지 줄어든다.

거꾸로 뷔페에서 배부르게 먹었어도 체중이 느는 것은 일시적입니다. 항상성에 따라 역시 원래대로 되돌아옵니다.

이를테면 세트포인트는 에어컨의 온도설정과 같습니다.

이것을 알면 어제 ○○을 먹었더니 몸무게가 1kg 늘었다거나 줄었다고 소란피우는 것이 터무니없다는 걸 알 수 있습니다.

트레이너들이 단기간 감량에 효과를 발휘하는 극단적인 식사제한을 권하지 않는 이유도 여기에 있습니다. 극단적인 식사제한은 장기간 계속할 수 있는 것이 아닙니다. 게다가 항상성이 기능하는 한 평소 식사로 돌아오면 순식간에 체중은 되돌아오고 맙니다.

이를테면 오랫동안 몸무게가 80kg이었던 사람이 열심히 해서 70kg까지 줄였습니다. 그래도 뇌는 80kg이 적정하다고 굳게 믿기 때문에 유감스럽게도 온갖 방법으로 되돌아가려고 합니다. 그러므로 목표 체중에 한번 도달했다 해도 방심해서는 안 됩니다. 뇌의 지령에 따라 욕구에 휩쓸리게 되면 애써 손에 넣은 체형을 유지할 수 없기 때문입니다.

그렇다면 언제 세트포인트가 목표 체중까지 내려갈까요?

이것도 개인차가 있으므로 싸잡아 말할 수 없습니다. 그저 경험상의 이야기를 하자면, 이를테면 10년 이상 체중이 80kg이었던 사람이 짧은 시간에 70kg으로 줄였다고 합시다. 새 몸무게를 세트포인트로 하려면 최저 4~5년은 그 몸무게를 유지할 필요가 있습니다.

체중을 줄이고 싶어서 애쓰고 있는 사람에게는 무척 잔혹한 이야기지만, 의지가 강하고 약한 것과 상관없이 뇌가 제멋대로 먹고 싶다, 돌아가자고 조절하기 때문에 어쩔 도리 없습니다. 이렇게 되면 뇌에 지지 않고 꾸준히 계속하는 것뿐입니다. 저도 평소 고객에게 "6개월 만에 목표 체중을 달성했다 해도 지금까지의 노력을 멈추면 전부 물거품이에요!"라고 입에 침이 마르게 말합니다.

하지만 지금의 몸에 가장 적절한 〈체지방이 빠지는 달리기〉가 습관이 되어 목표에 맞추어 갱신할 수 있으면 무서울 게 없습니다. 살이 찌고 빠지는 변동이 없어지고 차츰차츰 세트포인트도 내려갑니다.

다이어트 부스트 ⏻ 이상적인 새 몸무게의 수치를 뇌에 주입한다.

36 * 달리기 전의 근력운동은 몸에 붙은 지방을 효율적으로 분해한다

달리기의 성과만으로는 만족할 수 없고, 근육운동도 습관화하여 더욱 튼튼한 몸을 만들고 싶은 사람은 이런 의문에 부딪힐지도 모릅니다.

"유산소운동으로 몸을 따뜻하게 데운 뒤 근육운동을 하는 편이 좋은 건 아닐까?"

물론 근육운동 전에 몸을 따뜻하게 하는 것은 매우 좋습니다. 하지만 체지방 태우는 것만 생각하면 근육운동을 먼저 하는 편이 훨씬 효율이 높습니다.

이유는 주로 2가지 입니다.

첫번째는 근육운동을 하면 성장호르몬 분비량이 늘어나기 때문입니다. 성장호르몬은 이름 그대로 조직과 세포 성장에 관여하는 일을 한다고 알려졌습니다. 게다가 최근 지방분해에도 관여하는 것 같다는 의견이 나왔습니다.

두번째는 **근육운동을 하면 성장호르몬과 동시에 '노르아드레**

날린'이라는 물질 분비도 촉진된다고 알려졌기 때문입니다. 이 노르아드레날린이야말로 지방분해 역할을 담당하는 효소, 리파아제를 활성화하는 물질입니다.

성장호르몬과 노르아드레날린, 이 두 가지를 얼마나 많이 나오게 하는가가 지방연소의 열쇠를 쥐고 있습니다. 지방연소까지의 상세한 메커니즘까지는 아직 해명되지 않았지만, **적절한 근육운동으로 근육 안의 유산농도가 높아지면 성장호르몬과 노르아드레날린, 두 개의 분비량이 촉진된다고** 알려졌습니다. 그리고 연구 결과, 근육운동을 한 다음에 유산소운동을 하는 편이 그 반대보다 분비량이 올라가는 것을 알 수 있습니다.

근육운동을 한다면 반드시 달리기 전에 한다

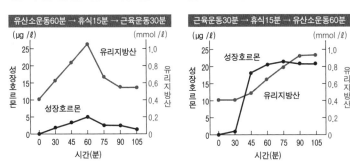

적당한 속도로 달린 뒤 근육운동을 해도 지방은 유리지방산으로 분해되어 연소하는데, 성장호르몬의 분비는 현저히 낮다. 거꾸로 근육운동을 한 뒤 달리면 압도적

또한, 효과를 확실하게 내려면 순서뿐만 아니라 근육운동의 내용도 중요합니다. 성장호르몬이 쉽게 나오게 하려면 큰 근육에 대해 확실하게 부하를 줄 수 있는 근육운동을 해야 합니다. 이를테면 하반신이라면 엉덩이와 넓적다리 같은 큰 근육을 쓰는 스쿼트, 상반신이라면 가슴과 어깨에 더해 전신 근육을 사용하는 자세를 유지하는 플랭크가 대표적입니다.

책 뒤에 성장호르몬 분비에도 효과적인 운동(APPENDIX - P223)을 실었습니다. 여유 있는 날은 달리기 전에 근육운동도 병행하여 지방을 거침없이 태워봅시다!

달리기만으로도 근육은 붙는다.
근육운동 부하에는 연구를!

달리는 사람과 달리지 않는 사람의 차이를 뚜렷이 느낄 수 있는 것은 하반신의 근육량입니다. 달리기를 하고 있는 사람은 하반신의 근육운동이 따로 필요 없고 특별한 요청이 없는 한 프로그램을 짜는 일이 거의 없습니다.

특히 현저하게 다른 것은 넓적다리 안쪽과 엉덩이 근육입니다. 몸의 안쪽은 시야에 들어오지 않기 때문에 의식하기 어려운 부위입니다. 단련하고 있는 사람과 그렇지 않은 사람의 차이는 뚜렷합니다. 또한, 강습회 등에서 여성 러너에게 "몸의 어디가 가장 많이 바뀌었습니까?"라고 물으면 십중팔구 "엉덩이선이 올라갔습니다!"라고 대답합니다.

하반신은 커다란 근육이 집중된 부위인 만큼 근육량을 늘리려면 큰 부하가 필요합니다. 근육운동을 자기만의 방식대로 하면 몹시 힘들지만, 다리에 체중의 3배 부하가 걸리는 달리기라면 특별한 비결이나 기술이 없어도 가능합니다.

달리는 것만으로도 몸에 필요한 근육이 붙는다. 이것은 틀림없는 사실입니다.

단지 달리기만으로는 살을 빼기 어려워진 사람, 빠른 속도로 살을 빼고 싶은 사람은 달리기로 단련된 하반신에도 효과가 좋은 근육운동을 병행해야만 합니다. 특히 이 책 뒷부분에 소개한 트레이닝 I과 II처럼 하반신의 대근육군을 달리기보다 높은 부하를 주어 움직이면 성장호르몬 분비량도 늘어납니다.

전부 다 하는 것은 꽤 힘들겠지만 〈체지방이 빠지는 달리기〉의 효과를 더욱 높이고 싶으면 당연합니다. 꼭 가능한 범위에서 시험해보시기 바랍니다.

다이어트 부스트 ⏻ 달리기 직전에 하반신 근육운동을 한다.

살을 잘 빼기 위한 근육운동 용품이 있을까?

네, 있습니다. 아까도 잠깐 말한 것처럼 달리기 전에 큰 근육군에 높은 부하를 거는 근육운동을 하면 지방연소율도 높아집니다. 그러므로 달리기 전에 그런 근육 훈련 용품으로 운동하면 좋습니다. 이를테면 튜브로 위팔과 등을 단련하거나 아령으로 가슴을 단련합니다.

그렇습니다. 살을 가장 잘 빼기 위한 용품이 있다 해도 그것은 자면서도 할 수 있다는 부르르 떠는 기계 종류가 아닙니다.

필시 여러분도 과거에 한 번쯤은 손을 내민 경험이 있지 않나요? 이를테면 조각처럼 멋있는 남녀가 배에 두르는 벨트를 예로 들면, 선전문구도 매력적이고 사용해 보면 배를 꾹꾹 자극해서 촉촉하게 땀도 배어 나옵니다. 지방을 덥석 움켜쥔 듯이 부르르 진동하면 효과가 있을 것 같이 느껴지기도 합니다.

하지만 지방은 전기를 흘려보내도 주물러도 줄지 않습니다. 저주파와 자기 자극을 주었더니, 혹은 크림을 발랐더니 피하지방이 줄었다는 이야기를 증명할 만한 믿을 수 있는 데이터도 저는 본 적이 없습니다.

만약 편안하게 복근운동을 할 수 있다면 그것은 배의 근육을 쓰고 있지 않다는 증거입니다. 지방은 고열량 음식을 많이 먹으면 점점 늘어나지만, 근육은 지금보다 훨씬 가혹한 환경에 두지 않는 한 성장할 수 없습니다. 그것을 가능한 한 가혹하다고 느끼지 않고 즐겁게 계속하는 비결을 〈체지방이 빠지는 달리기〉로 소개했습니다.

자신의 힘으로 몸을 움직이지 않으면 아무리 시간이 지나도 몸은 단단해지지 않습니다. 또 편안한 운동은 즉 소비열량이 낮다는 의미이기도 합니다. '간단하고 편안한 운동 도구!'와 같은 광고 문구를 자주 접하는데 "편안하니까 효과도 없어요!"라고 스스로 광고하는 것으로밖에 보이지 않습니다.

이상합니다. 광고를 제작하는 사람도 보는 사람도 어째서 모르는 걸까요?

저라면 오히려 "이것은 힘들지만 ○○입니다! 그래도 힘들 것입니다!"라고 연이어 외치는 근육운동 도구를 "아, 어쩌면 효과가 있을지도 모르겠군!"하고 신용하겠습니다.

38 ＊ 무거운 것을 달고 달리면 근육이 붙는다?

종종 발목에 무거운 것을 달고 달리는 사람이 있습니다. 분명 달리면서 근육운동도 할 수 있고, 틀림없이 효율적일 거라고 확신하고 있겠지요.

지금까지 제가 보고 들은 사람들 가운데는 복싱 트레이너와 무술 선생으로부터 지도와 권유를 받아 시작한 사람이 많았습니다. 하지만 체력 트레이너에게 지도받았다는 사람은 전혀 없었습니다. 왜냐하면, 모두가 기대하는 효과는 전혀 얻을 수 없기 때문입니다.

우선 손목과 발목에 두른 채 달리는 무게는 기껏해야 1~2kg입니다. 하지만 늘 들고 다니는 짐의 무게는 얼마나 됩니까? 1kg도 되지 않을 만큼 작은가요? 만약 평소 들고 다니는 가방이 더 무거우면 효과적인 부하를 줄 수 없습니다.

또한, 발목에 감은 무게는 넓적다리 관절을 지렛목으로, 손목에 찬 무게는 어깨 관절을 지렛목으로 '진자의 원리'에 의해 앞뒤로 흔들립니다. 넓적다리 관절과 어깨 관절을 기점으로 원심력이 작동하여 흔들리기 때문에 실은 무게를 움직이기 위한 에너지는 거의 사용하지 않습니다. 게다가 원심력으로 흔들리는 움직임은 부상 위험을 높이기 때문에 위험합니다. 특히 어깨 관절에는 다리를 떠받치는 강인하고 커다란 넓적다리 관절에 비해 상당한 부하가 걸립니다.

복싱과 무술의 동작을 생각하면 어쩌면 무거운 것을 달고 운동하는 것이 의미가 있을지도 모릅니다. 하지만 효율적으로 〈체지방이 빠지는 달리기〉를 하는 사람과는 무관하다고 할 수 있습니다.

만약 한사코 무거운 것을 달고 달려서 살 빼는 효과를 더 많이 얻고 싶다면 5~10kg 정도 무게의 배낭을 메고 달리면 좋겠지요. 에너지 소비량은 '체중 × 달린 거리(km)'입니다. 어디까지나 계산상이지만 같은 5km를 달려도 5kg의 무게를 넣으면 25kcal, 10kg의 무게라면 50kcal, 소비에너지를 늘릴 수 있습니다. 무릎과 허리에 미치는 충격도 늘어나므로 부디 부상에 늘 주의하시기 바랍니다.

게다가 무거운 것을 짊어졌으므로 지금까지는 1시간 달렸지만, 힘들어서 30분 만에 돌아오는 역효과가 생길 가능성도 큽니다.

이래서는 의미가 없을 뿐 아니라 오히려 마이너스입니다.

39 * 반신욕을 병행하면
더욱 빨리 살을 뺄 수 있다?

땀을 흘리는 방법으로 여성에게 반신욕이 인기가 많습니다. 이것을 달리기와 붙여서 일거양득을 바라는 "달린 뒤에 반신욕을 하면 대사가 상승하여 더욱 살 빼는 효과가 올라가지 않나요?"라는 질문을 받기도 합니다.

땀을 흘리면 확실히 그저 가만히 앉아있는 것보다는 소비열량이 올라갑니다. 하지만 "반신욕 그 자체에 셰이프업 효과가 있는가?"라는 질문에는 어려운 점이 있습니다.

살이 빠진다는 관점에서 보면 반신욕의 이점은 혈류 개선입니다. 단, 반신욕보다 달리기가 훨씬 혈액순환에는 좋습니다. 반신욕에 할애할 시간이 있으면 10분이라도 오래 달리는 편이 효율적으로 지방을 태울 수 있습니다.

물론 간단하게 샤워하는 것보다는 소비열량이 올라가므로 달린 뒤에 반신욕을 하는 것은 좋겠지요. 마음에 드는 입욕제 등을 넣으면 긴장을 풀고 휴식 효과도 증가합니다. 단지 주의해야

할 점은 땀을 과하게 내면 몸에 부담을 주어 오히려 살을 빼기 어려워지는 것입니다. 욕조에 몸을 담그고 있으면 알아차리기 어려운데, 입욕 중에도 꽤 많은 땀을 흘리므로 반드시 수분을 보충하기 바랍니다.

수분 보충은 물보다 스포츠 음료수를 권합니다. 많은 땀을 흘리면 수분과 함께 혈액 중의 전해질을 잃어 근육 경련과 탈력감이 생길 때도 있기 때문입니다. **땀을 흘리고 고급 미네랄워터를 마시는 모습은 언뜻 보기에 건강하고 세련되어 보이지만 혈액은 전해질 균형이 깨진 상태입니다.** 건강을 최우선으로 생각해 스포츠 음료수로 전해질도 보충하도록 합시다.

그리고 '**땀을 흘린다 = 디톡스 가능하다 = 살이 빠진다**'라는 것도 아무런 근거 없는 생각입니다. 저는 평소 '독소니 디톡스니 이런 게 다 뭘까?'하고 이상하다는 생각이 듭니다. 몸에 독소가 들어가면 구토 등으로 몸 밖으로 배출할 것이고, 굳이 말하자면 배변은 디톡스라 할 수 있을지도 모릅니다.

달려서 땀을 흘리고 수분을 보충한다. 그리고 신선한 음식에서 필요한 영양소를 충분히 섭취하고 규칙적으로 배변한다.

이런 몸이야말로 대사가 좋은 몸의 기본입니다.

40 * 저녁 무렵에 달리면
살 빼는 효과가 높다?

"저녁 무렵에 달리면 가장 살이 잘 빠진다는데 정말인가요?"

최근 자주 받는 질문 중 하나입니다. 운동과 다이어트가 취미인 사람들 사이에서는 '16~18시에 운동하면 좋다'는 설이 완전히 정착한 모양입니다.

분명 16~18시는 교감신경과 부교감신경의 균형이 매우 좋고, 고강도 운동을 하기에 적합합니다. 교감신경과 부교감신경에 대해 간단히 설명하자면, 우선 둘 다 뇌와 심장, 소화기 같은 장기 기능을 조정해 주는 자율신경입니다. 교감신경은 아침에 몸이 눈 뜨는 시간을 향해 우위가 되고, 밤이 가까워지면서 부교감신경이 우위가 됩니다.

운동에 적합한 것은 교감신경이 우위인 시간대입니다. 교감신경이 우위가 되면 근육에 흘러들어 가는 혈액량과 심장박동, 혈압도 올라가고 몸은 운동하는 상태로 대기(부교감신경은 대강 교감신경과 정반대의 일을 한다)합니다. 그러니까 경기 특유의 동작과 기술을 향상하는 트레이닝에 적합합니다.

한편 부교감신경이 서서히 우위가 되는 16~18시 시간대는 근육의 보강운동, 말하자면 근육운동에 적합한 상태가 된다고 알려졌습니다. 국내 최고 운동선수가 모이는 내셔널 트레이닝센터도 이 시간은 집중하여 근력운동에 힘쓰는 선수들로 비교적 혼잡합니다.

이미 아시리라 생각하지만, 이 '16~18시의 골든타임 설'은 최고 수준의 운동선수에게 유효한 이야기입니다. 즉 웨이트리프팅으로 자기 최고 기록을 경신하고 싶다던가, 유도에서 최대 근력을 높이고 싶다던가, 한계까지 단련해 온 운동선수가 좀 더 나은 기록을 위해 지푸라기라도 잡는 심정으로 거듭하는 노력 중 하나입니다. 다이어트가 목적인 러너들이 이 시간대에 달려도 지방연소 효율은 높아질 리 없습니다.

달릴 때 상쾌하고 편안한 시간대가 달리기를 지속하기 쉽다는 큰 이점이 있으므로 살 빼는 효과도 높다고 할 수 있겠지요.

41 * 체육관에서 <체지방이 빠지는 달리기>를 실천하는 방법

운동센터를 다니는 사람은 러닝머신(트레드밀)을 꼭 활용하시기 바랍니다. 효율적으로 지방을 태울 수 있는 것은 물론 살을 빼기 위한 자극도 됩니다. 다니지 않는 사람도 땡볕 더위의 여름과 추운 겨울, 날씨가 안 좋은 날에 이용해 보는 건 어떨까요.

<체지방이 빠지는 달리기>에서는 목표 심박 수를 유지하는 것이 중요합니다. 러닝머신(트레드밀)을 이용하면 '심장박동 런'도 간단히 할 수 있습니다.

데이터만 입력하면 달리면서 항상 트레드밀로 심박 수를 확인할 수 있고, 게다가 속도와 경사를 버튼 하나로 조정할 수 있습니다. 목표 심박 수에서 벗어나도 금방 목표 수치로 되돌아올 수 있습니다.

달리기 취향에 맞추어 운동 강도와 속도 조절을 간단하게 할 수 있는 것도 이점입니다. 천천히 달리고 싶은데 심박 수가 올라가지 않는다면 경사를 만들면 좋습니다. 경사는 싫지만, 속도는 올려도 괜찮은 경우는 속도를 우선해서 설정하면 됩니다. 소비열량도 표시되기 때문에 이를테면 오늘은 700kcal를 30분에 소비하고 싶다는 사람도 경사와 속도 설정으로 잘 마칠 수 있습니다.

일정한 속도로 달리는 일에 싫증이 났다면 인터벌 트레이닝 메뉴를 권합니다. 이것은 강도의 올리고 내림을 반복하는 트레이닝 방법으로 이를테면 3분 빠르게 1분 천천히 달리기를 1세트로 합니다. 세트 수를 쌓아가는 사이에 달리기에도 강약의 변화를 주어 지루하지 않습니다. 저도 종종 이 방법으로 달리는데, 오늘은 눈 깜짝할 사이에 30분이 지나간 것 같아 이익을 본 느낌입니다.

또 한 가지, 러닝머신(트레드밀)에서 달리면 다리 근육에 걸리는 부하가 밖에서 달릴 때보다 낮아집니다. 감각으로는 완만한 내리막길을 뛰는 것과 같습니다. 그러므로 1.5% 정도의 경사를 만들면 평지를 달리고 있을 때와 거의 같은 강도가 됩니다.

러닝머신(트레드밀)을 사용하면 누구라도 간단히 효과적으로 지방을 태울 수 있고 날씨도 상관없이 뛸 수 있습니다. 영화와 드라마를 보면서 뛸 수 있으므로 "오늘은 드라마 1편만큼 열심히 하겠어!"라고 목표를 정하기 쉬운 점도 하고자 하는 의욕을 뒷받침해 줍니다.

다이어트 부스트 ⏻ 트레드밀의 경사와 속도 높임을 활용한다.

달린 뒤에 조금 아프다, 불편하다, 피로가 가시지 않는다고 느끼면 즉시 얼음찜질을 합시다. 이것만으로도 증상이 가벼워지고 심각한 부상을 예방하기도 합니다.

얼음찜질을 해서 차갑게 하면 세포와 혈관이 수축하므로 대사 정도가 일시적으로 내려가고 신경세포의 활동도 둔해집니다. 이것은 통증을 느끼지 않게 하고 동시에 염증 확대를 억제할 수 있습니다.

얼음찜질 따위 호들갑스럽다고 생각할지 모르지만, 통증과 피로는 내버려두면 쌓이게 되고 언젠가 큰 부상을 일으키는 원인이 됩니다. 여기서는 주변의 물건으로 간단하게 찜질하는 방법을 소개하니 꼭 시험해 보세요.

준비할 것은 냉장·냉동식품을 살 때 따라오는 아이스팩입니다. 달린 후에는 우선 몸이 너무 뜨거워지지 않도록 샤워로 땀을 씻어냅니다. 그 후 무릎, 발바닥, 장딴지, 넓적다리, 엉덩이 등 통증과 불편함, 열을 느끼는 부위에 아이스팩을 대고 보호대나 조리용 비닐 랩을 감아 고정합니다. 20분 동안 유지한 뒤 마칩니다.

단, **다리와 넓적다리, 엉덩이 등에 쥐가 나는 근육 경련의 경우 얼음찜질은 좋지 않습니다.** 근육 경련은 근육이 심하게 수축한 상태입니다. 차갑게 하면 더욱 조직이 수축하므로 역효과입니다. 한창 달리던 중에 쥐가 난 경우는 그 자리에서 자연히 진정될 것을 기다리던지 가벼운 스트레칭으로 늘리면 좋습니다. 달린 뒤에는 욕탕에 들어가 몸을 뼛속부터 따뜻하게 하여 근육을 풀어주는 것이 정답입니다.

얼음찜질은 통증과 불편함, 피로를 느낄 때의 관리방법인데, 통증 예방에는 스트레칭이 최고로 적합합니다. 스트레칭으로 유연성이 좋아지면 피로물질이 쌓이기 어렵습니다. 게다가 관절의 가동영역이 넓어지고 달렸을 때 몸에 걸리는 부담이 경감되기 때문에 피로와 부상을 예방할 수 있습니다.

스트레칭은 근육 온도가 낮은 상태로 하면 근육을 억지로 늘리게 되고 다칠 염려가 있습니다. 스트레칭 전에 건강달리기로 몸을 풀어주던지 욕조에 담가 몸을 따뜻하게 한 밤에 하면 좋습니다. 몸을 차분하게 관리하는 기회를 만들면 어느새 몸에 다가왔던 부상과 고통이 단숨에 멀어집니다.

다이어트 부스트 ⏻ 통증과 불편함이 생기면 즉시 얼음찜질을 한다.

43 * 다리를 완전히 굽혔다 펴는
스트레칭은 피한다

기분 좋게 달릴 수 있게 되면 신호 때문에 멈출 때마다 상쾌한 느낌이 중단되어 답답해집니다. 저도 가능한 한 신호가 없는 코스를 찾고 싶어 다양한 노선으로 시험 삼아 달려보았습니다. 덕분에 6km와 10km라는 장거리에도 불구하고 한 번이나 두 번밖에 걸리지 않는 코스를 찾았습니다.

그래도 운 나쁘게 신호기 앞에서 멈추어 서게 되었다면 어떻게 할까요? 다리를 멈추면 심박 수가 곧바로 떨어지기 때문에 파란 신호가 들어오는 순간에 맞추도록 온 길을 조금 되돌아갔다 오는 식으로 노력하는 러너가 많이 있습니다.

저는 다리를 멈추고 조금 쉬는 유형인데, 제자리걸음과 점프 등으로 심박 수를 유지하는 것도 좋은 방법입니다. 또한, 비교적 긴 거리를 달리는 날은 피로가 쌓이기 쉬운 장딴지와 넓적다리 뒤쪽을 가볍게 늘려주는 것도 좋습니다.

단, 절대 하지 말아야 할 스트레칭이 있습니다. 그것은 양 무릎을 완전히 구부려 앉았다 일어나는 운동입니다.

무릎을 굽히고 늘리고 하는 것은 달리고 난 뒤와 도중에 당연히 하는 스트레칭 중 하나입니다. 마라톤 대회에서도 다리가 피곤해져 오는 후반부가 되면 코스에서 떨어져 무릎을 구부리고 늘리고 하는 모습을 자주 볼 수 있습니다. 하지만 앉았다 일어나는 식의 전체적으로 몸을 굽혔다 펴는 것은 달리는 자세와는 조금도 관계가 없을 뿐 아니라 근육의 길이를 급격하게 바꾸고 마는 동작입니다. 적당한 근육 상태로 돌아오는데 많은 에너지가 필요합니다.

달리는 거리가 10km 정도라면 그다지 문제가 없습니다. 하지만 20km 이상이면 에너지가 고갈된 경우가 있고, 다리를 앞으로 내밀어 달릴 수 없게 되거나 힘이 빠져버리는 경우도 있습니다.

조금 달렸을 뿐인데 갑자기 닥쳐오는 쿡쿡 찌르듯이 아픈 옆구리 통증을 자주 경험하는 사람도 적지 않을 것입니다. 자주 이러면 오래 계속 달릴 수 없습니다. 대책을 알아두면 좋습니다.

쿡쿡 찌르듯이 아픈 복부 통증은 밝혀지지 않은 부분도 많지만, 주로 호흡과 소화와 관련 있다고 알려졌습니다. 여기에 쿡쿡 찌르듯이 아픈 통증 해소의 경향과 대책을 간단히 정리했으니 참고하시기 바랍니다.

① 호흡과 관련한 근육 경련

달리기 시작하면 급격하게 호흡이 격렬해져서 호흡에 관한 근육이 경련하고 옆구리 통증이 일어납니다. 달리면서 몸쪽을 스트레칭 합시다. 우선 한쪽 손을 머리 위로 올리고 손바닥을 위로 향해 손목을 비틀어 바깥쪽으로 향하게 합니다. 늘린 팔 쪽의 옆구리를 바깥으로 쑥 내밀 듯이 하면서 더욱 팔을 올리면 확실하게 늘어나는 것을 느낄 수 있습니다. 어깨뼈를 올리듯이 하면 잘 늘어납니다.

② 준비운동 부족

몸이 따뜻해지지 않았는데 빠른 속도로 내달리면 다리 근육에 대량의 혈액이 보내져 온몸의 혈액량 균형이 깨집니다. 그것이 옆구리 통증으로 나타나는 것입니다. 걷기 등으로 준비운동을 단단히 하여 몸을 서서히 데우면 해소됩니다.

③ 음식 섭취로 가스가 쌓여있다

달리게 되면 창자가 움직이게 되고 음식에서 발생한 가스가 체내를 이동해 통증이 발생합니다. 달리기 예정 전날부터 탄산음료와 식물섬유가 많은 감자 종류를 절제하면 증상이 완화됩니다.

④ 소화가 끝나지 않았다

달리기 전에 너무 많이 먹으면 음식이 소화되지 않은 상태로 달리게 됩니다. 그러면 소화 때문에 대량의 혈액을 위로 보냄과 동시에 다리 근육에도 보내야만 합니다. 그 결과, 조혈이 충분하지 않아 비장이 비명을 지릅니다. 특히 지방이 많은 음식은 소화에 시간이 걸리므로 저지방 음식을 고릅니다.

 단, 강한 옆구리 통증이 자주 일어나는 경우는 어떤 질환을 안고 있을 염려도 있습니다. 지나치게 오래 계속된다면 병원에서 진찰을 받는 것도 필요합니다.

45 * 혈액검사로 과로를 예방한다

40대 이상의 사람 중에 '이미 젊은 나이도 아닌데 오래 달리면 갑자기 다치는 건 아닐까?'하고 걱정하는 유형이 특히 많습니다. 물론 달리면 관절 내의 연골과 인대에 큰 충격을 주게 되고, 그 충격으로 상처 입은 근육을 회복하는 능력도 유감스럽지만 20대 무렵과 비교하면 뚜렷이 떨어집니다.

단, 스포츠 장애는 금속피로*와 같은 것입니다. 나이를 먹었기 때문이라기보다 오랜 기간 혹사하는 쪽이 더 큰 요인입니다. 나이와 관계없이 달리는 일이 습관이 되고 기분 좋다고 느끼게 된 후가 드디어 주의가 필요할 때입니다.

일반 사람은 한 달 동안 달린 거리가 200km를 넘으면 부상 위험이 대번에 커집니다. 저 자신도 2009년 도쿄마라톤에서 서브 스리(3시간 미만에 완주)를 목표로 했을 때, 심한 달리기로 인해 몸 상태를 망가뜨린 경험이 있습니다. 그 무렵 훈련은 평일은 1회 10km, 휴일은 1회 30km를 달려서 한 달 달린 거리가 300km를 넘었습니다. 시간을 늘려야만 한다는 의욕이 앞서 어느새 완전히 몸의 한계를 너머 있었습니다. 보기 좋게 조절에 실패하고 시합 당일의 몸 상태도 최악이었습니다. 다행히 다치지는 않았지만, 목표 시간을 대폭 초과해버린 충격과 너무나 괴로웠던 레이스로 인해 달리기가 싫어졌던 경험이 있습니다.

근육의 상태는 혈액검사로 CPK 수치를 조사하면 곧 알 수 있습니다. CPK(크레아틴 인산분해효소)란 근육 내의 산소를 말합니다. 근육의 파괴도가 높으면 수치가 상승하기 때문에 근육 피로의 기준이 됩니다. 운동하는 사람은 수치가 300IU/l까지라면 문제없고, 500IU/l을 넘으면 오버 트레이닝입니다. 그 때는 달리는 거리와 빈도를 줄여야 합니다. 달리지 않는 날은 목욕으로 몸을 아주 따뜻하게 한 후 스트레칭으로 근육을 돌봐주어야만 합니다.

회사에서 하는 혈액검사에서도 CPK 수치를 내주길 바란다고 말하면 간단히 항목을 추가할 수 있습니다. 좀 전에 말한 도쿄마라톤 경기 전 저의 수치는 1000을 넘었습니다. 전문가이면서 부끄러울 따름입니다. 여러분도 충분히 주의하시기 바랍니다.

*금속피로 : 금속 재료에 반복하여 힘을 가했을 때, 처음에 생긴 작은 상처가 큰 파괴에 이르게 하는 현상 - 역자 주

46 * 단기간에 살을 빼려면 PT(personal training)를 받아야 할까?

"나카노 씨가 개인적으로 훈련을 담당하는 사람은 분명 살이 쑥쑥 빠지겠지요?"라는 말을 들을 때가 종종 있습니다.

이것은 대단히 큰 오해입니다.

특별한 경우를 빼면 제가 담당하는 고객은 가장 다이어트에 성공하기 쉬운 월 1~2kg(최대라도 체중의 5%) 정도의 속도로 감량합니다.

고객의 체중이 단기간에 대폭 빠지면 '아, 실패했다'고 반성합니다. 앞에서 말한 것처럼 1개월에 체중의 5% 이상 감량은 지방과 함께 근육도 빠질 확률이 높고, 게다가 원래 체중으로 되돌아올 비율까지 80~90% 껑충 뛰어오르기 때문입니다.

특별한 경우란 이를테면 영화와 드라마에 출연하기 때문에 짧은 시간에 몸을 만들고 감량해야만 하는 배우 등입니다. 그들은 그것이 일이기 때문에 상당히 심한 근육운동도 하고, 방대한 시간과 압도적인 노력을 몸만들기에 쏟아붓습니다. 이것만으로도 어지간히 문턱이 높고, 그 영화와 드라마 촬영이 끝난 뒤에도 편안하게 계속할 수 있는 것이 아닙니다. 어디까지나 기간 한정으로 생각해야만 하는 방법입니다.

또 하나는 키가 크지도 않은데 체중이 100kg을 넘는 사람의 경우입니다. BMI(체질량지수)로 말하자면 35 이상인 사람은 체중도 체지방도 총량이 많으므로 한 달에 5kg 이상 빼도 괜찮습니다.

그렇다면 개인 트레이너를 붙이는 진짜 이점은 무엇일까요?

첫째로 자신의 생활과 몸에 맞는 계획과 식사 메뉴를 상담할 수 있습니다. 우리는 프로의 시점과 경험으로 적은 횟수로 최대 효과를 얻을 수 있는 훈련을 제안할 수 있습니다.

이를테면 근육운동의 성과를 얻으려면 주 2~3회의 훈련이 필요하다고 알려졌습니다. 하지만 트레이너의 지도로 바른 부하, 자세, 조합 그리고 순서를 계속하면 주 1회라도 효과가 있다는 것이 입증되었습니다.

둘째로 다이어트에 좌절할 것 같을 때 격려와 마음의 버팀목이 되는 것입니다.

다이어트를 할 때 가장 높은 장벽은 실행과 계속입니다. 의사는 "열량을 조절하세요", "운동을 하세요"라고 지도해 주지만, 메뉴를 짜거나 함께 달리기는 하지 않습니다. 정말 힘든 것은 무거운 엉덩이를 일으키고 실천하는 일이지요?

개인 트레이너의 진가는 여기서 발휘됩니다.

제가 트레이너 일을 배운 미국은 개인 트레이닝의 선진국입니다. 아침이면 우선 트레이너들은 빨리 일어나 차로 고객을 맞이하러 갑니다. 그리고 기분 좋게 움직일 수 있는 공원과 해변에서 대화하면서 함께 운동합니다. 운동이 끝나면 그 고객에게 가장 적당한 양과 질의 아침을 골라 슈퍼에서 사는 일까지 행동을 함께 합니다.

개인 트레이너의 일은 체육관에서 운동을 지도하는 일에 그치지 않습니다. 다이어트와 건강유지에 힘쓰는 사람들이 의지할 수 있는 파트너로서 행동하고 육친이 되어 고민을 듣고 그들의 이상을 향해 함께 걸어가는 것이 본래 일입니다.

장시간 개인 트레이너의 도움을 받는 것이 어려울 수도 있습니다. 하지만 요즘은 단발로 지도해 주는 러닝 코치와 트레이너도 있습니다. 생각처럼 살이 빠지지 않거나 훈련 방법을 모를 때는 꼭 개인 트레이너를 잘 활용하시길 바랍니다.

다이어트 부스트 ⏻ 전문가로부터 자극을 받는다.

달리기를 시작하여 3개월이 지날 무렵에는 주 3일, 5~10km는 아무렇지도 않게 달릴 수 있게 되고 체중도 마이너스 5kg을 달성하였습니다. 하지만 어느 시기부터 전혀 체중이 줄지 않아 고민입니다. 이것은 다이어트 목적으로 달리기 시작한 어느 남성의 경우입니다. 그리고 다이어트 목적으로 달리기 시작한 대부분의 사람에게 생기는 고민이기도 합니다.

살이 빠지지 않게 된 것은 정체기에 들어갔기 때문이라 생각할 수 있습니다. 체중이 줄기 시작한 후 2~5개월째 대부분의 사람이 정체기를 경험합니다. 이 장의 첫머리에 소개한 뇌의 세트포인트도 관계하고 있으므로 골칫거리입니다.

감량을 시작한 무렵은 몸에 쌓인 지방이 많으므로 불필요한 내장지방도 빠지기 쉽고 체중도 부쩍부쩍 빠집니다. 하지만 체지방이 계속 빠지면 '몸에 이변이 생겼을지도 몰라'라고 언젠가 뇌가 위기감을 느낍니다. 이것은 인간의 몸이 갖추고 있는 위기관리능력인데, 이 때문에 체중의 감소가 정체합니다. 돈으로 말하자면 돈을 너무 많이 쓰면 돈을 낭비하지 않게 된다고나 할까요.

정체기를 벗어나는 방법은 주로 2가지를 들 수 있습니다.

하나는 지금까지 해 온 달리기를 계속한다. 호메오스타시스(항상성)가 강하게 작동하고 있을지도 모르기 때문에 그것이 지나가기를 기다립니다.

또 하나가 달리는 횟수와 거리를 늘리든가 근육운동 등 달리기 이외의 운동으로 몸에 새로운 자극을 주는 것입니다. 감량 후의 체중이 몸에 익숙해지면 다시 체중은 줄기 시작하므로 포기하지 않는 것이 중요합니다.

가끔 아무리 해도 정체기를 탈출할 수 없다는 사람이 있는데, 체중만 보고 살이 빠지지 않는다고 생각할 가능성이 있습니다.

몇 번이고 말하는 것처럼 다이어트의 성과는 체중이 전부가 아닙니다. "체중이 바뀌지 않아!", "살이 빠지지 않아!"라고 충격을 받기 전에 체지방률이나 겉보기의 변화 등 종합적인 변화에 관심을 돌립시다. 체중이 미미하게 늘어나도 옷 치수가 작아지거나 벨트 구멍이 줄어드는 경우가 있습니다. 몸이 예리해졌다는 신호입니다.

48 * 한 달 동안 100km 이상 달려도 피하지방이 빠지지 않는 사람도 있다

"주 2회, 평일은 10km, 휴일에는 15~20km 달리고 있습니다. 회사에서 건강진단을 받았더니 내장지방은 없는 거나 다름없는 반면 피하지방이 18%나 있습니다. 하지만 일도 있고 가족과도 함께 해야 하니까 달리는 횟수를 늘리는 건 무리예요……"

일 년에 1회 정식 마라톤도 달리게 되었다는 T씨는 30대 후반의 남성입니다. 어린 시절 뚱뚱했다는 그는 술도 좋아하고 나이가 들면서 대사도 떨어져 달리기 시작했다고 합니다. 기본적으로 내장지방이 없다고 진단받았다면 생활습관병에 걸릴 염려가 없는 건강한 편입니다. 요컨대 겉보기의 문제인데 물론 뺄 수 있으면 빼고 싶습니다.

한 달 동안 100km를 당연한 일처럼 달리는데 여성 못지않은 피하지방이 있다면 체질이 원인일 수도 있습니다. 내장지방과 피하지방의 양은 호르몬의 분비가 영향을 주므로 남성이라도 피하지방이 쌓이기 쉬운 사람이 있습니다.

그리고 유감스럽게도 한번 붙은 피하지방은 빠지기까지 시간이 걸립니다. 유산소운동으로 맨 처음 연소하는 것이 내장지방이므로 피하지방은 뒤로 미루어지게 됩니다.

군이 상상해 보자면 지갑에 들어있는 돈이 내장지방이고 은행에 있는 정기예금이 피하지방입니다. 지갑에 있으면 곧바로 쓸 수 있지만, 정기예금은 곧 바로는 쓸 수 없습니다.

"피하지방이 더는 빠지지 않는다"고 고민하는 사람은

① 가장 지방이 연소하기 쉬운 심박 수로 오래 달린다

② 하반신 중심의 근육운동을 집어넣어 근육량을 올린다

③ 식사 내용을 재검토한다

이 3가지를 꼭 시험해 보세요.

근육운동은 이 책에서 프로그램을 짠 트레이닝(P230 이후의 내용들 참조)도 도입해 보시기 바랍니다. 피하지방이 빠지지 않는 경우, 식사 재검토도 꽤 중요합니다.

술을 좋아한다고 했는데, 내장지방이 붙기 쉬운 식사를 좋아하는 사람은 식사 때마다 과잉 에너지가 들어오기 때문에 달려서 열량을 소비해도 피하지방을 태우는 지점까지 미처 따라잡지

못할 때가 있습니다. 요리재료의 구체적인 조언은 Chapter 4에 있으므로 참고해 주세요.

체지방은 과잉되면 비만과 생활습관병의 원인이 되지만, 저혈당과 면역력 저하를 방지, 장기에 영양을 제공, 출혈을 막는 등 중요한 역할도 있습니다. 또 출산을 생각하는 여성은 최저 17%의 체지방이 필요하다고 합니다. 즉 너무 심하게 빼는 것도 몸에는 마이너스입니다.

저 자신의 경험으로 말하자면 체지방률을 한 자릿수대로 빼면 갑자기 면역력이 떨어지고 특히 겨울철은 반복해서 감기에 걸립니다. 현재 제게 가장 좋은 체지방률은 10~12%입니다. '최고 운동선수 같은 몸이 되고 싶어!'라고 동경하는 마음은 알겠지만 저와 같은 수치가 당신에게도 최고 수치라 할 수는 없습니다.

내가 원하는 부위의 체지방만 빼려면

한 사람 한 사람의 얼굴과 체형이 다르듯이 지방이 붙기 쉬운 부위도 빼기 쉬운 부위도 각각 다릅니다. 어디부터 체지방이 빠지는지도 개인차가 있어서 유감스럽게도 목표로 한 부위만 살을 빼는 것은 의학적으로 불가능합니다.

몸에 붙은 지방은 움직이고 있는 부분부터 우선하여 사용되는 것이 아닙니다. 몸을 움직이면 온몸의 지방이 서서히 녹기 시작합니다. 그리고 산소와 결탁하여 혈관을 통해 움직이는 근육에 도달해 몸을 움직이는 에너지원으로 사용합니다. 달리고 있을 때 인간의 몸은 다리가 가장 크게 움직이지만, 그 다리 주변의 지방이 활활 타고 있는 것이 아닙니다.

아쉽게도 자기가 바라는 곳만 살을 빼고자 하는 부분의 살 빼기는 망상입니다.

체지방을 빼고 싶다면 결국 달리기(유산소운동)와 근육운동을 하여 축적된 지방을 에너지로 사용하는 것이 효과가 있으면서도 가장 빠른 길입니다. 온몸의 지방을 빼서 정말 빼고 싶은 부위의 지방까지 빼는 것을 목표로 합시다.

가장 지방을 빼고 싶은 부위는 옆구리입니다. 배 주위의 지방을 빼려면 곧 복근운동을 해야 한다고 생각하기 쉽지만, 이것도 틀렸습니다. 물론 복근운동을 하면 자세를 바르게 하거나 내장을 바른 위치에 두게 되어 배가 꺼진 듯이 보이는 작용은 있습니다. 하지만 지방은 빠지지 않습니다.

지금까지의 경험으로 말하자면 **옆구리 살이 신경 쓰이는 사람은 남성은 8% 이하, 여성은 17% 이하까지 체지방률을 낮추지 않으면 없애는 것이 어렵습니다.** 저 자신도 체지방이 9%여도 아직 옆구리에 꽉 집을 만큼의 군살이 남아있습니다. 군살을 완전히 없애는 것은 상당히 문턱이 높은 목표입니다.

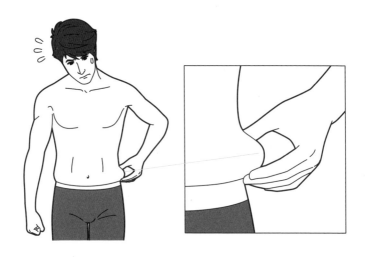

꿈도 희망도 없는 이야기만 해서는 많이 힘들지요. 여기서 한 가지 좋은 이야기를 드리겠습니다.

최근 '근육이 붙어있는 부위의 지방은 다른 부위보다 약간 빼기 쉽다'고 알려졌습니다. 그러므로 신경 쓰이는 부위를 중점적으로 근육운동으로 단련하는 것은 잘못된 방법이 아니겠지요.

아무리 허리를 돌려도 배는 들어가지 않는다

뱃살을 빼는 이야기가 나왔으므로 덧붙여 말하자면 골반을 돌려 허리를 잘록하게 만드는 다이어트도 전혀 근거가 없습니다. 잘록한 부분을 만드는 것은 복사근입니다. 복사근은 뒤로 젖혀 위를 보거나 가로눕지 않으면 강한 부하가 걸리지 않는 근육이므로 서 있는 상태로는 좀처럼 단련할 수 없습니다. 선 상태로 허리를 돌리거나 8자로 움직이거나 할 때 크게 움직이는 것은 실은 넓적다리 관절입니다.

허리 돌리기를 효과적으로 도입하고 싶으면 달리기 전에 준비운동으로 하면 좋습니다. 넓적다리 관절 주변의 근육이 따뜻해져 달리기가 부드럽게 되겠지요.

다이어트 부스트 ⏻ 지방을 빼고 싶은 부위의 근육운동에 희망을 건다.

⏻ 이상적인 새 몸무게의 수치를 뇌에 주입한다

⏻ 달리기 직전에 하반신 근육운동을 한다

⏻ 러닝머신(트레드밀)의 경사와 속도 높임을 활용한다

⏻ 통증과 불편함이 생기면 즉시 얼음찜질

⏻ 전문가로부터 자극을 받는다

⏻ 지방을 빼고 싶은 부위의 근육운동에 희망을 건다

CHAPTER 4

더욱 효율적으로
살을 빼기 위한
〈다이어트 부스트〉
- 음식 편

49 * 먹은 것은 3일 이상 지난 뒤 체지방이 된다

몇 번이나 언급한 것처럼 우리 몸은 하루아침과 하룻저녁으로 살이 찌거나 빠지지 않도록 항상성(호메오스타시스)이라는 기능으로 일정하게 유지되고 있습니다. 날마다 체중을 재는 사람은 항상 변동하는 수십 그램에 민감해지기 쉽지만, 이를테면 극단적으로 식사를 제한해도 몸무게가 떨어지는 것은 일시적입니다. 평소의 식사로 되돌아오면 몸무게도 원래대로 되돌아옵니다. 거꾸로 뷔페 등에서 음식과 디저트를 배불리 먹었다 해도 갑자기 몸에 지방이 붙어 뚱뚱해지거나 하지 않습니다. 1~2개월 정도의 다이어트로는 몸무게가 크게 바뀌지 않고 하물며 주간 단위, 2~3일 정도로는 변화하지 않습니다.

그런데 주말과 며칠 그만 과식했다고 해서 '아, 다이어트에 실패했다!!'고 미리 다이어트를 포기하고 반발작용으로 한 번에 많이 먹거나, 달리는 것을 그만두는 사람이 얼마나 많은지요.

이렇게 안타까운 상황이 되지 않도록 여러분이 머리에 꼭 입력해두면 좋은 다이어트 상식이 있습니다. 먹은 음식은 소화되면 곧바로 체지방으로 바뀌는 게 아니라는 점입니다. 먹은 내용에 따라서도 달라지지만, 체지방으로 바뀌는 것은 빠르면 3일 후, 늦으면 일주일 후입니다.

이를테면 라면을 먹으면 다음 날 몸무게가 확 늘어날 때가 있습니다. 그것은 음식이 몸에 들어갔기 때문입니다. 단순히 무게가 늘어난 것뿐입니다. 100g의 밥을 먹으면 100g 늘어나는 건 당연합니다. 양복을 입으면 체중계 눈금이 늘어나는 것과 마찬가지입니다.

즉 이 지점에서는 아직 먹은 것이 체지방으로 바뀐 것이 아닙니다. 중량은 늘어났지만, 살이 찐 것은 아닙니다.

먹은 것은 곧바로 에너지원으로 사용되므로 적정량을 먹는다면 그 날 안에 소비됩니다. 이것이 전부 소비되지 않으면 잉여 에너지로서 지방으로 바뀌어 몸에 쌓입니다. 그 변화에 걸리는 시간이 약 3일~1주일입니다. 살이 쪘다고 말할 수 있는 것은 빨라도 이 단계가 된 후부터입니다.

당질이 체지방으로 바뀌기 전에 몸을 움직이면 더욱 빨리 에너지로 소비할 수 있으므로 효율적으로 체지방의 축적을 막을 수 있습니다!

식사와 식사의 공백이 너무 길면 몸이 기아상태가 되어 영양을 바라게 되고, 먹은 만큼 열량을 확실하게 흡수한다. 그래서 살이 찌기 쉽다.

이것은 다이어트 특집에서 자주 말하는 이론 중 하나입니다. 이 설을 입증하는 데이터도 있는 모양입니다.

하지만 이 데이터에는 식사 횟수가 많은 사람보다 적은 사람이 1일 총 섭취 열량이 높았다는 사실이 포함되어 있을지도 모릅니다.

또 에너지 대사는 개인차가 매우 커서 같은 요리재료를 같은 양과 조리법으로 먹었다 해도 살이 찌기 쉬운 사람과 살이 잘 찌지 않는 사람이 있습니다. 그러므로 정확한 데이터와 결론을 내는 것은 무척 곤란합니다.

'하루 2식이었는데 5식으로 바꾸었더니 살이 빠졌다!'는 사람이 있다 해도 그 사람에게 어쩌다가 그 식사법이 잘 맞았다고 생각하는 것이 현명합니다. 조금씩 여러 번 먹는 편이 속이 편안한 사람도 있는가 하면 바쁘니까 하루 2끼로 충분히 영양을 섭취할 수밖에 없는 사람도 있습니다.

저는 식사의 횟수는 그다지 중요하다고 생각하지 않습니다. '배가 고프면 적당한 양을 먹자'고 단순하게 생각합시다.

다이어트
부스트 ⏻ 그날 먹은 음식의 전체 양으로 생각한다.

51 * 살을 잘 뺄 수 있는 식사 방법

달리기는 소비 열량이 높은 유산소운동입니다. 그렇다고 달리기만 하면 신나게 먹고 마셔도 살을 뺄 수 있는 것은 아닙니다. 꽤달릴 수 있게 되었다 해도 소비 열량이 섭취 열량보다 많도록 식사 조절이 필요합니다.

섭취 열량을 낮추려면 식사량을 확 줄이면 됩니다. 하지만 아무렇게나 마구 먹는 양을 줄인다 해도 미안하지만 〈체지방이 빠지는 달리기〉를 뒷받침할 수는 없습니다. **식사를 줄여 영양균형이 허물어지면 우선 달리는 데 필요한 영양, 달리는 것으로 잃게 되는 영양을 보충해줄 수 없게 됩니다. 이 경우 일시적으로 몸무게는 빠져도 몸에 해가 되거나 살이 빠지기 어려운 체질이 되기도 합니다.** 애당초 극단적으로 식사량을 줄이면 살을 빼기 전에 좌절하기 쉽습니다. 몸소 경험한 사람도 많을 것입니다.

섭취 열량을 낮춘다 해도 정확한 열량 계산은 우리 전문가라도 어렵고, 일반인이 실천하는 것은 불가능에 가깝습니다. 그래서 이번에 제가 권하는 것이 '제한식'입니다.

저칼로리로 효율 높게 영양을 섭취하는 '제한식'

제한식이란 먹어도 좋은 요리재료와 절제하는 편이 좋은 요리 재료를 나누어 전자를 선택하는 식사법입니다. 상세하게 계산하지 않아도 섭취 열량을 억제할 수 있으므로 편리합니다.

다음 쪽의 표를 보세요. 181쪽에는 양에 제한이 있지만, 하루 중에 섭취해도 좋은 것(이하 먹어도 좋은 것)과 적극적으로 먹어도 좋은 것, 180쪽에는 섭취해서는 안 되는 것을 표로 만들었습니다. 181쪽의 식품을 하루 식사로 골고루 먹으면 충분히 5대 영양소(탄수화물, 단백질, 지방, 비타민, 미네랄)를 섭취할 수 있습니다. 게다가 영양균형을 무너뜨리지 않고 당신의 〈체지방이 빠지는 달리기〉를 가속할 강력한 부양책이 될 것입니다.

주의할 것은 섭취해서는 안 되는 것에 대한 주의력입니다. 우선 '나카노 씨는 이것을 전부 먹지 말라고 하는 겁니까!'라고 생각하지 마세요. 제한식은 어디까지나 누구나가 살을 잘 빼기 위해 일정 기간에 한해 도입하는 식사법이기 때문입니다.

'먹어도 좋은 것'을 제한량 범위에서 먹고, 부족하면 '적극적으로 먹어도 좋은 것'으로 배를 채운다

[먹어서는 안 되는 것]

곡류	희게 도정한 것 (백미, 식빵, 우동 등)
	파스타
고기, 생선, 콩류	소고기, 돼지고기
	가공육(베이컨, 햄, 소시지)
	오징어, 새우, 문어, 조개류
	부드러운 것(어묵 등)
유제품, 달걀	치즈
과자, 과일	단 것(케이크, 푸딩, 아이스크림 등)
	스낵 과자, 쿠키
조미료	버터, 잼
기호품	알코올 전반
요리	중국요리
	카레, 스튜, 튀김
미리 만들어 놓은 식품	냉동식품, 인스턴트식품

[양에 제한이 있지만 하루 동안 먹어도 좋은 것]

곡류	현미(1공기) (1공기) (1공기)
	잡곡이 들어간 식빵(1장) (1장)
	메밀국수(1그릇)
	* 1끼 당 이 칸에 있는 괄호 안의 하나를 먹으면 좋다
고기, 생선, 콩류	닭 가슴살(200g까지)
	작은 생선(1마리까지)
	기름을 포함하지 않은 참치 통조림(1캔까지)
	두부(1/2모), 낫또(1팩)
유제품, 달걀	우유(컵 3잔까지)
	무당 요구르트(작은 팩 1개까지)
	달걀(2개까지)
과자, 과일	사과(1개까지)
	바나나(1개까지)
조미료	식물성 기름(큰 숟가락으로 1까지)
기호품	칼로리 오프 맥주(500cc 1잔까지)
감자류	고구마(2개까지)

◎ 적극적으로 먹어도 좋은 것(요리할 때 기름을 많이 사용하지 않을 것)

- 버섯류   • 해조류   • 작두콩
- 색이 진한 야채(브로콜리, 당근, 토마토, 피망, 시금치 등)
- 향미야채(양파, 파, 생강, 양하 등)

치즈와 소고기를 예로 말해봅시다.

저는 치즈나 소고기 모두 몸에 무척 좋고 오히려 먹으면 좋다고 생각합니다. 또한, 동물 단백질은 아무리 감량 중이라도 반드시 섭취해야만 합니다. 하지만 치즈와 소고기와 돼지고기는 지방이 많고, 소고기와 돼지고기는 요리할 때 양념을 듬뿍 하는 편이기 때문에 아무래도 칼로리 오버가 되기 쉽습니다. 그렇다면 먹어도 좋은 것에 있는 "지방이 적고 양념을 약하게 해도 먹기 쉽고 게다가 아미노산 스코어 100(P199참조)의 단백질을 섭취합시다!"라고 말하고 싶습니다.

또한, 몸에 필요한 영양소는 굳이 먹어서는 안 되는 요리재료가 아니라도 다른 요리 재료로 얼마든지 충분히 섭취할 수 있습니다. 이를테면 치즈에 포함된 것은 요구르트와 우유에서 섭취하면 좋습니다. 같은 식품군이라면 먹으면 안 되는 것의 요리재료보다 먹으면 좋은 것, 적극적으로 먹어도 좋은 음식이 다른 영양소도 효율적으로 섭취할 수 있는 경우도 있습니다. 그것이 백미보다 현미, 색이 엷은 채소보다 짙은 채소를 권하는 이유입니다.

먹어도 좋은 것의 리스트에 있는 요리재료는 영양균형을 위해서라도 전부 먹었으면 좋겠는데, 1가지만 예외가 있습니다. 곡물입니다. 현미를 끼니마다 준비하는 것은 힘든 일이고 질리기 쉬우므로 선택지를 준비합니다. 이를테면 빵을 좋아하는 사람은 점심은 잡곡이 들어간 식빵 한 장, 밤에는 현미를 밥공기로 하나. 면류를 먹고 싶은 사람은 아침과 저녁은 현미 한 공기씩, 점심은 메밀국수 한 그릇.

이처럼 괄호 6개에서 1끼당 하나씩 골라 메밀국수는 하루에 1번까지, 잡곡이 들어간 빵은 2번까지 선택할 수 있도록 했습니다.

완전한 제한식의 실천은 1~2개월을 한계로

달리면서 이 제한식을 100% 실행하면 1~2개월에 체지방을 효율적으로 뺄 수 있습니다. 하지만 이런 제한식은 대단히 실천하기 어려운 것도 사실입니다. 이것은 영화와 드라마의 촬영완료까지 정해진 기간 내에 확실하게 몸을 조여야만 하는 배우 같은 경우만 실천할 수 있습니다.

100% 실천하고 싶다, 실천할 수 있다면 말리지 않겠습니다. 단, 하더라도 1~2개월만 하세요. 하더라도 100% 실천이 목적은 아닙니다. 이를테면 월, 수, 금만 혹은 주말만 제한식을 하는 등 자기가 할 수 있는 범위에서 문턱을 낮추어 주세요. 그리고 6개월에서 1년에 걸쳐 천천히 실천하여 익숙해지거나 혹은 많이 먹은 주

만 실천하는 것도 좋겠습니다.

물론 자기 나름대로 조정해도 좋습니다. 당신이 계속할 수 있는 것이 당신에게 가장 좋은 것입니다. '소고기를 먹지 않으면 힘이 나지 않는 것 같아'라는 사람은 소고기만 먹어도 좋은 음식에 넣어도 좋습니다. 제 고객 중에도 "카레가 정말 좋아서 카레만은 참을 수 없어요!"라는 배우가 있는데, 카레만은 먹어도 좋은 것 리스트에 넣었습니다.

그래도 목표로 했던 몸만들기에 성공했습니다.

그리고 먹어도 좋은 음식에 들어있다고 해서 이를테면 하루 3끼를 메밀국수로 한다거나, 두부와 달걀만 먹는 극단적인 식사제한은 자제해주기 바랍니다. 양에 제한이 있는 음식은 양을 정하는 것으로 영양균형을 유지하는 의미가 있습니다.

인간의 몸은 부족한 영양소가 있으면 몸 안에 있는 것으로 보충하려고 합니다. 이를테면 칼슘이 부족하면 자기의 뼈를 녹여 칼슘을 만들어냅니다. 당분이 부족하면 근육을 분해하여 당으로 소비합니다. 그 결과 골다공증이 되거나 근육량이 떨어지는 등 폐해가 생깁니다.

제한식은 먹어도 좋은 요리재료가 한정되어 있기 때문에 만족감을 얻을 수 있도록 끼니마다 충분히 먹도록 합시다. 파, 생강, 양하 등의 향미 채소를 적극적으로 사용하면 풍미도 좋아지고 맛도 풍요로워지므로 식사를 더욱 즐길 수 있습니다.

다이어트
부스트 ⏻ 가능한 범위에서 제한식을 도입한다.

52 ∗ 버리는 용기로 먹는 습관을 다시 만든다

"배가 잔뜩 불러도 무심코 또 먹어서 과식하게 돼요"

이런 사람은 눈앞에 있는 음식은 깨끗하게 싹 먹어야 한다는 생각을 지금 바로 버려야 합니다.

배가 부르다는 것은 에너지가 충분하다는 증거입니다. 그러니까 남기는 것이 당연합니다. 그렇게 하지 않으면 마구 지방세포에 둘러싸이게 됩니다. 사자도 얼룩말 한 마리를 잡아먹다가도 배가 부르면 먹는 것을 중지하고 다른 동물에게 양보합니다.

자신의 적정한 양을 알려면 남기는 용기도 필요합니다.

이를테면 언제나 식탁에 반찬이 5~6종류 나오는데 아무런 의문도 없이 모두 남김없이 먹었다고 합시다. 하지만 잘 생각해보면 언제나 도중에 배가 불렀습니다. 그래서 먹을 수 없는 한 접시를 남겨 봅니다. 다음에 먹어 보면 또 한 그릇 남겨도 배가 부른 것을 알 수 있습니다. 이것을 반복하는 사이에 실은 반찬 2~3종류만으로도 배가 부르다는 것을 발견할 수 있습니다.

물론 처음에는 남기는 것이 아깝다는 생각도 듭니다. 하지만 먹는 사람이 있으니까 만드는 쪽도 많이 만드는 것입니다. 다 먹을 수 없는 양을 남기면 만드는 쪽도 '아, 지금까지 양이 많았구나!'하고 양과 종류를 줄일 것입니다.

저 자신도 '남기는 것은 OK'라고 생각하게 되면서 식사 조절이 편해졌습니다. 이를테면 찐빵이 먹고 싶어졌다고 합시다. 찐빵을 먹는 도중에 배가 불렀는데 남기면 결국 먹어버리고 마니까 설령 반밖에 먹지 않았다 해도 과감하게 버렸습니다.

과연 매번 버리자니 한순간의 식욕보다 버리는 죄책감이 더 커서 자연히 양을 적게 사게 되었습니다. 이렇게 적당한 양을 사게 되면 '눈앞에 있는데 먹을 수가 없어!'라는 스트레스에서도 해방됩니다.

억지로 쓸데없는 열량을 섭취하면 무리하게 시간을 만들고 무리하게 운동량을 늘려야만 합니다. 그런 헛된 노력은 효율적으로 〈체지방이 빠지는 달리기〉를 하고 싶은 사람에게 어울리지 않습니다.

다이어트 부스트 ⏻ 죄책감을 내 편으로 만든다.

"먹는 것만이 즐거움인데 그것마저 뺏긴다면 견딜 수 없어요!"
이렇게 말하는 사람도 많습니다.

하지만 안심하세요. **실은 먹는 행동도 훈련하면 반드시 바꿀 수 있습니다. 즉 누구나가 참지 않고 섭취 열량을 조절할 수 있습니다.**

이것은 주술을 부리는 것도 의지력도 아닙니다. 제가 심리학의 인지행동요법 이론을 활용하여 운동지도 현장에서 직접 실천하는 방법입니다. 먹는 행동을 바꾸려면 자기 자신의 문제점과 바꿔야만 하는 점을 인식하고 이해하는 것이 최대 포인트입니다. 그 첫 번째 걸음이 자신의 식생활 행동 패턴을 아는 것입니다.

이 항목에서는 대표적인 식생활 행동의 3가지 유형과 대처 방법을 소개합니다. 자신이 어느 유형에 꼭 들어맞는지 생각하면서 읽어주세요. 지금까지 무의식적으로 취했던 식생활 행동의 원리를 알면 대처방법도 자연히 보이게 됩니다. 자신의 식생활 행동과 비교해 보면서 '이것이라면 계속할 수 있다!'는 방법을 찾아 시험해 보세요.

여러 번 실패해도 괜찮습니다. 운동과 마찬가지로 식사법도 습관화하는 것이 중요합니다. 가능할 것 같은 것과 도전해보고 싶은 것을 몇 번이고 시험해 보세요.

 [유형 ① : 보급계]

에너지가 부족하다 → 공복을 느낀다 → 식욕을 느낀다 → 음식을 찾는다 → 산다 → 먹는다 → 소화하고 부족한 영양소를 취한다

사자는 배가 고프면 사냥을 합니다. 배가 부르면 눈앞에 토끼가 지나가도 손을 내밀지 않습니다. 에너지가 부족해야 비로소 공복을 느끼고, 식욕이 생겨 음식을 요구하는 것이 본래 반응입니다.

인간도 사자와 마찬가지로 보급계가 본래의 모습이라 알려졌습니다. 이를테면 '오늘은 바빠서 저녁이 늦어질 것 같으니까 점심을 든든히 먹어두자', '어제는 너무 많이 먹었으니까

오늘은 양을 좀 줄이자'라고 생각하는 것이 자연스러운 현상입니다.

하지만 인간은 동물과 달리 눈앞에 진수성찬이 있으면 공복이 아니라도 먹고 싶어집니다. 그 욕구에 휩쓸리면 본래의 식욕 사이클이 뒤틀리고 살이 찌는 원인이 됩니다.

이를테면 감자튀김 봉지를 열었다고 합시다. 처음에는 조금 배가 고파서 먹기 시작했는데, 어느새 한 봉지 다 먹는 방향으로 의식이 바뀌어 배가 부른데도 전부 먹어버립니다. 또한, 아무 생각 없이 뭔가를 입에 집어넣는 '○○하면서 먹기'도 정상 식욕 사이클을 무너뜨리는 습관 중 하나입니다. 텔레비전을 보면서 혹은 뭔가 작업을 하면서 과자를 먹는다거나, 술을 마시거나 하면 만족한 순간을 알아차릴 기회를 잃게 되고 열량이 초과합니다.

뇌를 보급계로 되돌리기 위해서는 음식에 손을 대기 전에 '정말 배가 고픈가?' 한 번 더 생각하는 습관을 몸에 익히기 바랍니다.

몸과 상담하여 배가 고프지 않으면 먹지 않고, 배가 고프면 먹으면 됩니다. 단순하지만 매번 반복하면 뇌가 '보급계'로 되돌아와 당신을 살찌지 않게 합니다.

[유형 ② : 습관계]

1일 3식 먹는 습관이 있다 → 정해진 시간이 되면 꼭 먹어야만 한다고 느낀다 → 음식을 찾는다 → 산다 → 먹는다 → 평소의 습관을 지키고 안도감을 얻는다

정해진 시간이 되면 배가 고픈 느낌이 든다. 이것이 습관계의 특징입니다.

이를테면 옛날부터 습관적으로 전날 밤 아무리 늦게 밥을 먹었어도 아침은 든든히 먹는다. 12시 점심시간이 되면 반드시 배가 고픈 것 같은 느낌이 든다.

사실은 에너지가 부족하지 않을지도 모르는데 생활 사이클에 식욕을 끼워 맞추는 것이 습관이 되어, 어떤 의문도 없이 식사해버린다. 이것도 뇌가 오작동을 일으킨 사례입니다.

인간은 매일 활동량도 먹는 양도 내용도 다르므로 매일 같은 시간에 같은 양을 먹는다는 건 있을 수 없습니다. 평소 식사 시간이 되면 일단 '정말 배가 고픈가? 배가 고프다면 얼마나 고픈가?'를 생각합시다. 이것만으로도 식사의 적당한 양을 조절할 수 있고 열량 초과도 억제할 수 있습니다.

물론 회사에 근무하는 사람의 대부분은 정해진 시간에 점심을 먹고, 오후 에너지를 보급해야만 합니다. 그렇다면 식사를 주문할 때 평소 먹던 돈가스와 메밀국수 세트를 먹을 필요가 있는지 없는지 만이라도 생각합시다.

식사는 섭취하는 횟수가 중요하지 않습니다. 배가 고프지 않으면 하루 세끼 먹을 필요도 없습니다. '횟수주의'도 살이 찌는 원인입니다.

 CHECK [유형 ③ : 포상계]

'보상을 원해'라고 느낀다 → '맛있는 것'을 자기에 대한 상으로 준다 → 맛있는 것을 찾는다 → 산다 → 먹는다 → 상을 받은 것에 대한 기쁨을 얻는다

실은 이 유형이 가장 문제입니다. 뭘 숨기겠습니까? 저 자신도 이 유형입니다.

포상계 사람에게 있어 음식은 에너지원이 아니라 상입니다. 맛있는 것을 항상 찾아 사는 습관이 있고

먹었을 때는 '상을 받았다'는 기쁨을 느낍니다. 그 쾌감이 버릇이 되고 '맛있는 것을 먹고 싶다'는 욕구가 점점 강해집니다.

포상계가 되는 원인은 뇌내물질에 있습니다. 인간은 예측하던 보상보다도 좋은 보상을 받을 수 있을(보수예측오차) 때 도파민이 방출되어 '도파민 작동성 뉴런'이라는 기능을 높여 흥분 상태가 됩니다. 이 기능을 강력하게 높이는 것으로 알려진 것이 마약과 각성제입니다. 이것들은 약물로 고의로 게다가 강렬하게 이 기능을 작동시키기 때문에 사람은 빠져나갈 수 없게 됩니다.

즉 도파민 작동성 뉴런이 기능하는 것만으로 그만큼 커다란 쾌감을 뇌에도 가져오는 것입니다.

이것이 식생활 행동에 있어 어떤 식으로 기능하는지 설명하겠습니다.

'맛있는 것을 먹고 싶다!'는 사슬이 멈추지 않는다

눈앞에 둥근 찹쌀떡이 있습니다. 늘 먹던 찹쌀떡이니 평소 찹쌀떡의 맛을 상상하겠지요. 하지만 먹어보았더니 예상했던 것 이상으로 맛있습니다! 이 순간 도파민이 확 방출됩니다. 게다가 실제 느낀 맛이 예측했던 맛보다 좋으면 좋을수록 대량으로 분비됩니다. 그리고 당연히 대량으로 방출될수록 '맛있는 것'의 상으로 써의 가치가 커집니다. 그러면 다음은 어떤 행동으로 바뀔까요? 이를테면 가끔 케이크를 사러 가는 가게가 있습니다. 포상계가 아닌 사람은 평소 맛있다고 생각하는 케이크를 1개 삽니다. 하지만 포상계인 사람은 '새로 나온 이 케이크는 평소 케이크보다 맛있을지도 몰라. 하지만 안전하게 평소 먹던 케이크도 사두자'라며 여러 가지 사들이게 됩니다.

 놀랍게도 '역시 맛있었어!'라고 느끼면 포상 가치는 더욱 강화됩니다. 거꾸로 그다지 맛있지 않아도 '실패했다!'고 생각해 다시 하게 됩니다. 즉 다른 가게에 가서 다시 맛있는 케이크를 찾는 위험한 행동으로 나타나게 됩니다.

 더욱 진행되면 하루 세끼부터 간식, 음료까지 항상 '맛있는 것'이라는 보상을 요구하게 되고 눈 깜짝할 사이에 매일 초과 열량이 됩니다. 게다가 '좀 더 쾌락을 얻고 싶어, 도파민을 방출하고 싶어'라는 상태가 되고 끝이 보이지 않습니다.

 이것은 의지의 힘으로는 아무것도 할 수 없는 점도 골칫거리입니다. 하지만 포상계에 대처하는 방법은 상을 주는 빈도를 줄이는 것부터 시작하면 잘할 수 있습니다.

'만족했다!'고 생각하는 의식이 식습관을 바꾼다

저 자신도 실천하고 있는 것이 '하루에 한 번 맛있는 것을 먹으면 만족한다'고 정하는 것입니다.

이를테면 점심에 맛있는 것을 얻지 못해도 '저녁이 맛있으면 OK! 한번 실패해도 한번 만족하면 좋다'고 자기 안에 정해둡니다. 그리고 마지막으로 '주말만은 열량 걱정하지 않고 맛있는 것을 먹으러 가자!'고 주에 한번 포상으로 만족할 수 있게 되면 대성공입니다.

또 하나, 하루에 한 번의 포상을 계속할 수 있기 위해 매번 만족도를 높입니다. 다른 일을 하면서 먹으며 맛있다고 멍하게 느끼는 것만으로는 도파민 방출도 어중간해지고 만족할 때까지 다음 맛있는 것을 찾게 됩니다. 하지만 먹는 것에 집중하고 '이거 정말 맛있다. '재료가 뭐지?', '어떻게 만들었지?'라고 온몸으로 느끼면 도파민이 대량 방출하게 됩니다. 그러면 하루에 한 번 큰 상을 받은 느낌 때문에 만족감도 생깁니다. 저의 고객 중에도 자신이 먹은 음식에 대한 감상과 정보를 상세하게 이야기하는데, 재미있는 것은 확실하게 말할 수 있는 사람일수록 빨리 식습관이 바뀌어 갑니다.

포상계 사람은 원래 먹는 것을 아주 좋아하는 사람이 많습니다. 좋아한다면 더욱 손에 넣은 맛있는 음식에 집중하고 천천히 맛을 음미하도록 합시다!

다이어트 부스트 ⏻ 식습관을 새롭게 만든다.

54 * 아미노산 음료와 단백질,
살이 빠지는 것은 무엇?

"○○을 먹고 마시기만 하면 다이어트 끝!"

자주 듣는 이야기입니다. 제가 트레이너가 된 후 20년 동안이나 각종 요리재료가 갑자기 유행했다가 사라지기를 반복하고 있습니다.

운동습관이 몸에 붙은 사람이라도 손쉽게 살을 뺄 수 있을 것 같거나, 빠른 다이어트 효과를 기대할 수 있을 것 같으면, 이런 식의 방법에 유혹되는 사람도 적지 않을 것입니다. 특히 러너 사이에서 유행하는 것은 달리기 전후로 아미노산 음료를 마시는 일입니다.

하지만 유감스럽게도, 연소 관련 아미노산 음료를 마시면 지방이 연소한다는 것은 근거 없는 이야기입니다. 지방연소에는 리파아제라는 효소가 필요한데, 리파아제 활동을 활성화하기 위해 아미노산이 직접 관계한다는 증거가 없습니다.

분명 아미노산은 몸만들기에서 중요한 역할을 담당하고 있습니다. 왜냐하면, 근육과 뼈, 피부, 뇌의 재료는 전부 아미노산이기 때문입니다. 단백질은 20종류 있는 아미노산의 조합으로 체내에서 합성과 분해를 반복하며 피가 되고 살이 됩니다.

필시 '아미노산은 근육의 재료가 된다 → 근육이 증가하면 지방연소 체질이 된다 → 그러므로 아미노산 음료를 마시면 살이 빠진다'고 연상하여 마시면 살이 빠진다는 공식이 성립된 것 같습니다.

아미노산을 마셔도 살이 빠지지는 않지만, 달리면서 빠지는 몸만들기에는 아미노산이 필수입니다. 특히 20종류 있는 아미노산 가운데 체내에서 합성할 수 없는 9종류의 필수 아미노산은 외부 즉 음식에서 섭취할 필요가 있습니다.

여기서 등장하는 것이 단백질 분말!

"건강보조식품은 쓸데없는 지방을 섭취하지 않아도 되니까 좋아요!"라고 말하는 사람도 있는데, 저 자신은 물론 고객에게도 음료와 건강보조식품(영양제)에 의존하지 말고 음식으로 단백질을 섭취하도록 지도, 실천하고 있습니다.

음식으로 섭취하면 단백질 이외의 영양소도 동시에 취할 수 있고, 메인 반찬으로 든든히 먹을 수 있으므로 만족감과 만복감도 높습니다. 조리용 기름의 양을 절제하거나 간을 싱겁게 하는 등 열량을 낮추기 위한 고민이 다소 필요하지만, 오히려 다이어트 중 일 때야말로 적극적으로 사용하고 싶은 요리재료입니다.

그리고 효율적으로 몸에 필요한 아미노산을 섭취하려면 '아미노산 스코어 100'이라 불리는 양질의 단백질이 최고입니다.

'아미노산 스코어'란 9종류의 필수 아미노산의 구성비에서 영양가를 산출한 수치입니다. 필수 아미노산이 포함된 비율이 기준치에 대해 100%에 달한 것이 아미노산 스코어 100의 식품입니다.

 [아미노산 스코어 100 건강 요리재료]

육류	닭고기, 닭 간, 돼지고기, 돼지 간
	말고기, 산양고기
해산물	전갱이, 정어리, 가다랑어, 가자미, 연어
	붕장어, 청새치, 금눈돔, 대구, 방어
유제품, 달걀	우유, 요구르트
	달걀

참고로 근육을 만드는 데 있어 특히 중요하다는 필수 아미노산이 분기쇄아미노산이라 불리는 BCAA(바린, 로이신, 이소로이

신)입니다. 연소 관련 아미노산 음료는 BCAA를 함유하고 있다는 것이 세일즈 포인트입니다. 하지만 실은 우유가 훨씬 BCAA가 풍부합니다.

우유는 우수한 아미노산 음료입니다!

운동습관이 있는 사람이 하루에 필요한 단백질의 양은 체중 1kg당 1g이라는 설이 있습니다. 이것은 체중이 70kg이면 하루 70g이 필요하다는 것입니다. 이 그램 수는 고기의 중량이 아니라 포함된 단백질의 양이므로 이를테면 닭고기 가슴살에서만 섭취한다면 약 300g 필요하다는 계산이 나옵니다.

나이가 들수록 단백질에서 근육을 합성하는 효율이 떨어지므로 중년 이후는 젊은이 이상으로 단백질을 섭취해야만 합니다.

다이어트 부스트 ⏻ 섭취한다면 아미노산 스코어 100의 식품을 먹는다.

55 * 효소 다이어트의 진실

여성에게는 아미노산보다 효소가 인기입니다.

"생주스로 효소를 섭취해 살을 빼자!"라는 화제는 근래 몇 년 각종 미디어를 떠들썩하게 했습니다. 물론 생주스는 비타민, 미네랄, 식물섬유, 파이트케미컬 등을 섭취할 수 있으므로 추천합니다. 하지만 "주스 재료에 포함된 효소가 지방을 태울 수 있을까?"라고 묻는다면 대답은 NO입니다.

생채소와 과일을 먹으면 대사효소가 증가하여 대사상승으로 이어진다는 설을 주장하지만, 애당초 식물에 포함된 효소와 인간의 체내에 있는 효소는 다른 것입니다. 만일 같은 효소였다 해도 몸에 흡수될 때 효소에서 아미노산으로 분해됩니다. 게다가 효소인 채로 장에 흡수되었다고 한다면 몸은 알레르기 반응을 일으켜 어쩌면 매우 위독한 장애가 나타날 염려도 있습니다.

'캡사이신, 카페인, 고기를 먹고 뛰면 살이 빠진다'는 설도 매우 뿌리 깊게 박혀있습니다. 캡사이신의 매운 성분과 카페인에는 분명 지방연소 효과가 있지만 어디까지나 미량입니다. 만약 고춧가루를 뿌리거나 커피를 몇 잔 마시는 정도로 살이 빠진다면 그런 극약과 같이 위험한 식품은 간단히 손에 넣을 수 없어야 합니다.

특히 카페인은 평소 카페인을 섭취하고 있는 사람에게는 전혀 효과가 없습니다. 마시고 먹기만 하는 것으로 살이 빠진다. 이제 슬슬 그런 마법 같은 음식은 이 세상에 존재하지 않는다고 포기하는 것이 어떨지요!

그리고 유행인 당질제한 다이어트도 말해 봅시다.

분명 당질을 과잉 섭취하면 열량이 초과하기 쉽습니다. 그렇다고 해서 지나치게 낮추면 몸 안에서 근육을 분해하여 당으로 만드는 반응이 일어납니다. 즉 근육이 줄고 몸에 부담도 주게 됩니다.

어떤 질환이 있어 의사의 지도를 받는 사람이 아니라면 당질을 거의 섭취하지 않는 극단적인 방법은 피하는 편이 무난합니다. 리바운드(요요현상)의 원인이 됩니다.

 유행 다이어트 식품을 덮어놓고 믿지 않는다.

56 ＊ 만복감과 졸림에는 냉정하게 대처할 것

누구라도 배가 부르거나 졸음이 덮치면 아무래도 달리고 싶지 않은 날이 있기 마련입니다. 졸음과 포만감에 좌우되어 운동을 지속할 수 없는 여러분! 자신의 상태를 높은 곳에서 내려다보는 식으로 보면 뜻밖에도 냉정하게 "좋아, 달리자!"며 무거운 엉덩이를 들 수 있을지도 모릅니다.

포만감 문제라 하면, 먹은 후에 곧바로 달리면 몸에 나쁘다는 핑계로 텔레비전을 보는 사이에 달리기가 귀찮아져 흐지부지…… 이런 것이 흔히 일어나기 쉬운 상황입니다.

"먹은 후 2시간은 소화에 나쁘니까 운동하면 안 되지요?"

고객들도 자주 묻는 말인데, **실은 운동선수 수준의 속도로 장시간 달리는 것이 아닌 이상 먹고 난 뒤 달려도 거의 영향은 없습니다.** 소화되지 않은 상태로 달리면 옆구리가 쿡쿡 쑤시는 통증을 느끼는 사람도 있는데, 속도를 낮추면 괜찮습니다. 지방연소 효과가 높은 씩씩하고 활기차게 걷기로 바꾸어도 좋겠지요.

깜빡 잠들어 버리면 소화불량을 일으킬지도 모릅니다. 그것보다는 무거운 몸을 힘껏 일으켜 달리는 편이 몸 상태나 몸매도 건강해집니다.

"그렇긴 하지만 그래도 역시 밥을 먹으면 축 늘어지고 옷 갈아입고 달릴 기분이 안 들어요. 일 끝나고 집에 돌아온 직후는 배가 고파 죽을 지경이고요. 역시 달리기가 쉽지 않네요"

이런 사람은 에너지 젤리와 바나나로 공복감을 누르고 달려보는 건 어떨까요? 이 2가지는 지방분이 적기 때문에 먹자마자 곧바로 달려도 속도 더부룩하지 않고 옆구리가 아플 걱정도 없습니다. 인간의 몸은 그렇게 어설프게 만들어져 있지 않습니다. 배가 고파 죽을 것 같아도 천천히 달리는 도중에 길가에 쓰러질 일은 있을 수 없습니다. 지방이라는 형태로 확실하게 에너지를 축적하고 있으므로 괜찮습니다.

짧은 시간에 에너지 소비를 생각한다면 달리기만큼 적합한 운동이 없습니다. '아, 너무 많이 먹었어!'라고 배를 쓰다듬으며 죄책감에 시달릴 거라면 먹은 양의 반이라도 좋으니까 소비할 작정으로 달리세요. 먹은 것을 소비했다는 생각에 훨씬 기분도 좋습니다!

이어서 졸음도 원인입니다. 이것에는 2종류가 있습니다. 첫번째가 영업으로 온종일 밖으로 다녔다, 장시간 비행, 이사 작업 같은 중노동을 했다 등 육체 피로가 원인이 되어 졸린 경우입니다. 이런 날은 과감하게 달리지 않는 편이 좋습니다. 왜냐하면, 이미 육체는 피로하여 고달픈 상태이기 때문입니다. 몸에 채찍질하며 달려도 부담밖에 되지 않습니다. 몸을 쉬게 하는 것이 중요합니다.

두 번째는 회의와 컴퓨터 작업이 이어져 멍하다, 귀가할 때 책을 읽었더니 졸렸다 등 육체가 아니라 뇌가 피로한 경우입니다. 이럴 때는 졸리는 기운을 쫓고 달리기 복장으로 갈아입은 뒤 밖으로 뛰쳐나갑시다. 소비해야만 하는 에너지는 몸에 쌓여 있습니다. 달리면 몸과 마음이 모두 상쾌해지고 적당하게 육체에 피로를 주어 밤에도 푹 잘 수 있습니다. 저도 점심 후 책상에 앉아 일하게 되면 가끔 꾸벅꾸벅 졸 때가 있는데, 그럴 때는 가볍게 뛰는 것이 일의 효율도 높아집니다.

57 * 화창한 날에
나도 모르게 과식했다면

이를테면 온천여행을 가서 아침저녁은 숙소에서 호화로운 요리를 모조리 먹어치우고, 점심과 휴식 시간은 그 지방의 맛집을 순례합니다. 2박 3일 먹고 마시고를 반복하고 나머지 시간은 목욕하면서 느긋하게 누워 지내는 극락의 나날⋯⋯.

다이어트에도 기분전환과 휴양은 필요합니다. 어쩌다 가는 여행 기간 정도는 식생활 조절도 달리는 일도 잊고 마음껏 편안하게 지내도 좋습니다! 이 장의 첫머리에서도 말한 것처럼 먹은 것은 그날 당장 지방으로 바뀌지 않습니다. 맛있는 음식을 즐긴 만큼 돌아와서 또 확실하게 소비하면 괜찮습니다.

여행 중 달리기를 권합니다

만약 '먹은 죄책감을 없애기 위해 여행 중에도 뭔가 할 수 없을까?'라고 생각한다면 여행지에도 달리기용 운동화를 꼭 가져가기 바랍니다.

아침과 저녁을 먹기 전에 잠깐의 자유 시간을 이용해 달리면 섭취한 에너지를 그 날 안에 소비할 수 있습니다. 이를테면 아침 먹기 전에 관광도 할 겸 숙박지 주변을 달리면 잠도 잘 깨고 기분도 좋습니다. 저도 출장을 가면 그 지방의 가로수길을 즐기며 달리는 것이 여행 이벤트 중 하나가 되었습니다.

피트니스 센터가 있는 호텔이라면 밤에 자기 전에 러닝머신에서 달릴 수도 있습니다.

최근에는 '호텔 런'을 즐기는 사람이 늘어나고 있고, 도쿄 도내의 큰 호텔 대부분이 고유의 '러닝 맵(혹은 둘레길 지도)'을 준비하고 있습니다. 각 호텔이 멋지게 잘 만들어서 보기에도 무척 세련된 러닝 맵입니다. 코스 소개도 어디를 달리면 몇 km 코스가 되는지, 어떤 경치와 랜드마크가 보이는지 등 상세하게 적혀있어 보는 것만으로도 재미있습니다.

도쿄 이외에도 국내, 해외 불문하고 대도시의 큰 호텔에서는 러닝 맵을 갖추고 있습니다. 출장과 여행 갈 때마다 러닝 맵을 받아 달리고 모으는 것도 즐거운 취미입니다.

숙박하는 곳에 준비되어 있지 않더라도 프런트나 호텔 관계자에게 "아침에 달리고 싶은데 어떤 코스가 좋겠습니까?"라고 적극적으로 물어보세요. 분명 자신이 생각하는 것보다 즐거운 코스를 알게 되고, 정보수집이 될 것입니다.

티셔츠와 바지, 그리고 신발만 있으면 어디에서도 할 수 있는 것이 달리기의 좋은 점입니다. "너무 먹었어~!"하고 배를 쓰다듬 으며 뒹굴뒹굴 지내기만 했던 여행 스타일도 자신이 하기에 따라 바꿀 수 있습니다!

다이어트
부스트 ⏻ **CHAPTER 4**

⏻ 그날 먹은 음식의 전체 양으로 생각한다.

⏻ 가능한 범위에서 제한식을 도입한다.

⏻ 죄책감을 내 편으로 만든다.

⏻ 식습관을 새롭게 만든다.

⏻ 섭취한다면 아미노산 스코어 100의 식품을 먹는다.

⏻ 유행 다이어트 식품을 덮어놓고 믿지 않는다.

CHAPTER 5

달리기가
괴로워 졌다면

58 * 지나친 달리기는
몸을 망가뜨리고 마음을 꺾는다

예전의 나라고는 생각할 수 없을 만큼 오랫동안 빨리 달릴 수 있게 되면 달리기 자체가 즐거워집니다. 슬슬 체지방도 보기 좋을 정도로 빠져 몸이 가벼워지고, 어깨 결림과 요통 등 몸의 불편함도 어느새 덜해졌겠지요.

달리기에 익숙해지면 좀 더 달리는 쾌감을 얻고자 거리와 횟수를 늘려 달리고 싶어지고, 지나치게 달리게 되는 성향이 있습니다.

지금까지 계속 오래 달릴 것을 권장해 왔는데, 지나치게 달리는 것을 지적하다니 이것이 어찌 된 일인가요? 쉬어도 해소할 수 없을 정도의 피로와 몸의 각 부위에 대한 부담이 쌓이면 만성피로에 따른 의욕저하, 심신허약, 근육 및 관절의 통증을 가져오기 때문입니다. 결국에는 운동량과 휴식과 영양의 균형이 깨진 몸에 이변이 생기고 달릴 수 없게 되거나 혹은 일상생활에 지장을 초래하는 오버 러닝에 빠지고 맙니다.

3장에서 말씀드린 것처럼 일반인이 한 달 동안 200km가 넘는 달리기를 계속하면 장애 위험이 급격히 커집니다. 아래 기록한 증상을 느끼는 사람은 달리기 과잉의 적신호입니다. 거리를 짧게 하거나 휴식하는 날을 늘리는 등 대처 방안이 필요합니다.

'쉬면 또 살이 찐다', '쉬면 더는 달리기 어렵다'라며 계속 무리하면 조만간 무릎과 허리가 아파질 것입니다. 그렇게 되면 지금까지의 열심과 노력도 물거품이 되고 말지요. 쉬는 용기도 필요합니다.

 [지나친 달리기의 신호를 놓치지 마라!]

- 충분히 자도 만성 피로감이 있다.
- 몸무게가 한 달 동안 5% 이상 줄었다.
- 안정했을 때의 심박 수가 플러스 마이너스 5~10 변화한다.
- 감기에 자주 걸린다.
- 안절부절못한다.
- 일, 여가를 불문하고 뭔가 할 의욕이 생기지 않는다.

다이어트 부스트 ⏻ '쉬는 용기'를 가진다.

59 ∗ 벽에 부딪혔다면 주변의 성공한 사람에게로 눈을 돌린다

오랜 기간 계속하는 비결 중 하나는 누군가의 흉내를 내는 것입니다. 동기부여를 유지하는 데 도움이 되는 자기효력감은 다른 사람의 성공 사례에 자신을 비추어보면서 얻을 수 있기 때문입니다.

우선 지인과 친구, 회사 동료를 둘러보고 자기와 나이, 체격 등이 비슷한 사람 중에서 '달리면서 살이 빠졌다!'는 사람을 찾아봅시다. 다이어트 체험기를 올리는 블로그도 좋습니다. 그리고 그들이 무엇을 했는지, 어떻게 살을 뺐는지를 보고 듣고 흉내를 내거나 참고합니다.

계속하는 것이 어려워지는 원인 중 하나가 혼자 생각하고 혼자 몽땅 실행하여 끝이 보이지 않게 되는 점입니다. 결과가 좀처럼 나오지 않으면 계속해도 의미가 없다는 식으로 부정적인 생각을 하게 됩니다. 하지만 힘들다고 생각했을 때 "○○씨가 살이 빠지지 않게 되었을 때 ●●을 했대"라는 정보를 입수하면 타개책으로 이어지고, '그 사람도 했으니까 나도 할 수 있어!'라고 다시 마음을 북돋우는 계기가 됩니다.

그런데 흉내를 낸 것이 이를테면 프로야구의 이치로 선수가 하는 훈련 프로그램이라고 합시다. 맨 처음에는 의욕이 충만하여 어떻게든 해나가겠지요. 게다가 이치로와 똑같은 프로그램을 하고 있다는 만족도도 높을 것입니다. 하지만 계속하게 되면 역시 무척 힘듭니다. 일류 운동선수의 훈련 프로그램이니 당연합니다. 그러면 '아, 역시 이치로니까 할 수 있었던 거야. 나한테는 무리야!'라고 불가능으로 돌변하여 내팽개치기 쉽습니다.

동경하는 모델을 흉내 내도 '그 사람은 원래 스타일이 좋으니까 고생도 없이 살을 뺄 수 있었던 거야'라는 식으로 흐리기 쉽고, 중년이 신입사원을 흉내 내도 '저 사람은 20대니까 할 수 있었던 거야'가 됩니다. 결국, 핑계를 만들어 포기하는 것이 뻔한 결말입니다.

흉내를 내려면 반드시 나이와 체형, 체력이 자신과 비슷한 수준의 성공한 사례를 찾아야 합니다. 그래야만 나도 할 수 있을지 모른다는 희망이 높아지고 지속해서 의욕을 자극할 수 있습니다!

다이어트 부스트 ⏻ 대단한 사람보다 주변의 친구를 흉내 낸다.

가족, 친구, 파트너, 동료. 나 혼자서 좌절하게 되었을 때 누군가가 해주는 칭찬의 말은 동기부여를 유지하는 강력한 힘이 됩니다.

어른이 되면 누군가로부터 "대단해요!"라고 칭찬을 받거나 감탄하는 소리를 들을 일이 좀처럼 없습니다. 그러니까 더욱 칭찬을 받으면 무척 기분이 좋아지고 열심히 하게 됩니다. 지속하는 원동력이 되기도 합니다.

50살을 넘어 달리기에 도전한 여성, R씨도 그 한사람입니다. 자녀 양육을 마치고 남편도 젊었을 때처럼 자기를 봐주거나 칭찬해 주는 일이 없어졌다는 R씨. 다이어트를 계기로 달리기 시작하고 마침내 정식 마라톤을 완주하게 되었습니다. 그러자 남편과 주부인 친구들로부터 '살이 빠졌다', '젊어졌다', '대단하다'는 칭찬을 받게 되었다고 합니다.

그것이 기분 좋아서 몇 번이나 정식 마라톤에 도전하게 되고,

기어코 100km를 달리는 울트라 마라톤 대회까지 출장하게 되었습니다.

같이 달리는 친구를 만드는 것도 오랫동안 계속하는 비결 중 하나입니다. 미국스포츠의학회의 보고에 따르면 함께 운동하는 사람이 있는 경우 계속할 확률이 무려 80%까지 뛰어오른다고 합니다.

저의 고객을 둘러보아도 달리기 동호회(클럽)에 들어가 있는 사람이 확실히 오래 합니다. 그곳에서 만난 동료와 주말은 달리기대회와 행사에 참가하기도 하고 장거리를 달릴 때는 서로 권유하기도 합니다. 서로 격려하고 정보를 교환하고 절차탁마하는 것이 좋은 자극이 됩니다.

'계기는 다이어트였는데 직업과 세대 차이를 넘어 교우관계를 갖게 된 것이야말로 달리기로 얻은 최고의 이익'이라고 말하는 사람도 있습니다. 절대 달려서 살을 빼는 것만 생각하면서 고독하게 노력하지 않아도 됩니다.

어른이 되어서 일 이외의 새로운 인간관계를 쌓을 수 있는 점도 달리기의 매력 중 하나입니다.

다이어트 부스트 ⏻ 달리기 동료를 만든다.

61 * 아무리 해도 맞지 않는다면 달리기만 고집하지 않는다

저의 고객 이야기입니다.

"내 생활에서 목표가 없어졌다"는 60대의 전업주부 K씨. 자녀는 독립하고 남편은 단신 부임으로, 가족 모두가 집을 떠나 마음에 뻥하고 구멍이 뚫린 나날을 보내고 있었습니다. 어느새 살도 많이 찐 K씨는 '이래서는 안 된다, 뭔가 움직여야지!'라고 생각했습니다. 살을 빼 건강해져야겠다는 마음에 곧 스포츠센터에 등록했습니다. 하지만 혼자서 묵묵히 하는 운동이 지루해 어느 날 저를 찾아왔습니다.

기력이나 체력 모두 충분한 K씨에게 저는 "달려보지 않겠습니까?"라고 제안했습니다. 하지만 예상한 대로 "나카노 씨 미안해요. 나는 달리기는 절대 좋아지지 않을 거예요"라고 단언했습니다. 얼마 동안은 걷기를 계속하다가 시기를 봐서 조금 달려보지 않겠느냐고 다시 제안했습니다. "그렇지요. 한 번쯤은 달려볼까요"라며 도전! 함께 달린 첫 달리기가 무척 기분이 좋았는지 순식간에 빠져들었습니다.

그 후 K씨는 달리기 붐에 편승하여 정식 마라톤에 출장하였습니다. 첫 마라톤에서 멋지게 완주하자 탄력이 붙어 다니가와 마리 씨가 주최하는 달리기클럽에도 입회하고 마침내 서브포(4시간 미만으로 완주) 러너가 되었습니다.

딸이 사는 뉴욕에 머무를 때도 "아침에 센트럴 파크를 달려요"라며 여행 갈 때도 반드시 달리기용 신발을 준비하게 되었습니다.

"그렇게 달리기가 싫었던 내가 뉴욕에서 달리고 있다는게 정말 즐거워요. 인생의 즐거움을 찾았어요!"

그 무렵은 체지방률도 10%대를 유지하게 되었습니다.

물론 달리기에 빠지지 못하는 사람도 있겠지요.

만약 지금 동기부여가 되지 않아도 하고 싶은 마음이 생길 때 다시 도전하면 좋습니다. '이미 글렀어! 절대 달리고 싶지 않아', '나는 먹고 싶은 걸 마음껏 먹고 싶으니까 역시 무리야!'라며 두 번 다시 도전하지 않는 사람도 있을 것입니다.

그런 당신은 어쩌면 달리기로 자신의 변화를 즐길 수 없거나 달리기 그 자체를 좋아할 수 없을지도 모릅니다.

책이 좋은 사람은 아무리 피곤하고 바빠도 독서를 즐깁니다. 하지만 책이 싫은 사람은 책을 읽으라고 아무리 강요해도 읽지 않습니다. 가령 읽었다 해도 졸리거나 머리에 들어오지 않는 것이 당연합니다.

그것은 달리기도 마찬가지입니다.

달리기가 싫었지만, 극적으로 좋아지는 사람도 있는가 하면 재미없어지는 사람도 있습니다. 그것은 십인십색입니다. 달리기는 돈을 들이지 않고 좋을 때, 하고 싶은 만큼, 좋아하는 장소에서 할 수 있고 효율적으로 지방을 뺄 수 있습니다. 하지만 인생이란 효율만 가지고 살 수 있는 것은 아니지요. 때로는 멀리 돌아가는 일도 있습니다. 아무리 해도 달리기를 계속할 수 없다면 다른 것에 도전해도 좋지 않겠습니까!

여러분은 경기하는 선수가 아닙니다. 그리고 달리기를 지속할 수 없는 게 곧 다이어트에 실패하는 것도 아닙니다. 달리기가 성격에 맞지 않아도 살을 뺄 수 없다거나 다이어트가 체질에 맞지 않는다고 간단히 포기하지 말고 다른 것을 시험해 보세요.

무엇보다 중요한 것은 지금보다 긍정적인 당신이 되는 것이니까요.

CHAPTER 5

⏻ '쉬는 용기'를 가진다

⏻ 대단한 사람보다 주변의 친구를 흉내 낸다

⏻ 달리기 동료를 만든다

체지방이 빠지는
트레이닝 & 스트레칭

62 * 달릴 수 있는 다리를 만들고 지방연소를 단숨에 가속하기 위해

여기서 소개하는 트레이닝은 〈체지방이 빠지는 달리기〉에 어울리는 운동입니다. 풀 세트로 하면 1시간 이상 걸리는데 그런만큼 효과도 매우 높습니다. 달리는 동작에 가깝고 더 높은 부하가 걸리기 때문에 달릴 때 사용하는 근육을 효율적으로 단련할 수 있습니다. 성장호르몬 분비 촉진 효과도 노리고 있으므로 지방분해 효과도 좋습니다. 트레이닝 뒤에 달리면 지방연소율은 단숨에 올라갑니다.

무릎관절에 부담을 거의 주지 않는 **트레이닝I**은 운동습관이 없는 사람이 달릴 수 있는 다리로 만드는데도 가장 알맞습니다. 특히 오래간만에 달리는 사람이 꼭 하면 좋은 프로그램입니다. 달리는 데 필요한 하반신 근력을 단련하고 부상과 장애가 가장 많은 무릎 주변도 강화할 수 있습니다. 몸무게가 염려되는 사람과 갑자기 달리는 것이 불안한 사람은 자신이 가능한 범위에서 해보도록 합시다.

체중 감량이 멈춘 사람이 몸에 〈다이어트 스위치〉를 켜려면 달리기 전에 **트레이닝II**를 합시다. 발을 내디디는 동작과 점프로 구성되어 있으므로 무릎에 주는 영향도 있고, 더욱 오래 편안하게 달릴 힘을 길러주며 체지방을 떨어트립니다. 부족한 느낌이 들면 I과 II를 연속해서 합시다!

모두 1단계마다 1종목씩 새로운 트레이닝이 늘어나는 구성입니다. 이것은 장거리를 달리는 과정에서 겹쳐 쌓이는 피로를 상정한 것입니다. 그러므로 달렸을 때와 동등하거나 혹은 그 이상의 피로를 하반신 근육에 줄 수 있습니다. 10분에 대략 10km 달린 것과 비슷한 정도의 부하가 다리에 걸리기 때문에 달리지 않는 날과 비 오는 날의 트레이닝에도 좋습니다.

"이렇게 많은 동작을 외워야만 하나요?!"하고 놀랄지도 모릅니다. 걱정하지 마세요. 간단한 동작에 변화를 준 것뿐이므로 곧 몸이 기억할 것입니다. 잘할 자신이 없는 사람은 스마트폰의 앱으로 동작을 확인해도 좋습니다. 물론 처음부터 완벽하게 횟수를 다하지 않아도 좋습니다. 이를테면 트레이닝I이라면 익숙해질 때까지 동작①~③까지 하고 다 외우면 ④, ⑤…… 단계적으로 늘려가도 좋습니다.

트레이닝II는 처음 시작부터 모든 동작을 여러 번씩 해도 좋습니다.

무릎에 부담을 주지 않고 달릴 수 있는 다리를 만든다

Training I How to burn your body fat in the most effective way

에어 체어
AIR CHAIR

의자에 앉아 엉덩이를 살짝 든다. 엉덩이를 쑥 내밀 듯이 하여 그대로 유지. 호흡은 멈추지 않도록한다.

Training I 잘못된 자세

✕ 발가락 끝보다 앞으로 무릎이 나온다

✕ 무릎이 안으로 들어온다. 혹은 밖으로 나간다

✕ 발가락 끝이 안쪽과 바깥쪽을 향한다

스쿼트(암 오픈)
SQUAT WITH ARMS OPEN

❷ 엉덩이를 뒤로 빼면서 앞으로 내민 팔을 양옆으로 펼친다. 어깨뼈를 서로 붙이는 것처럼 상상하자.

20회

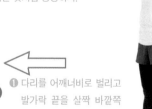

❶ 다리를 어깨너비로 벌리고 발가락 끝을 살짝 바깥쪽으로 향한다. 어깨높이에서 팔을 앞으로 내밀고 손바닥을 모은다.

❷
앞으로 내디딘 쪽의 다리에
몸무게를 실은 상태로 무
릎을 편다. 정강이는 가능
한 한 수직을 유지하자.

Training I - ③	좌우 **20**회씩

원 레그 스쿼트(이지)
ONE LEGGED SQUAT EASY LEVEL

❶
한쪽 다리를 앞으로 내
디디고 윗몸을 조금 앞
으로 기울인다. 앞으로
내디딘 쪽 다리에 체중
의 80%를 싣는다. 무
릎 위의 손은 살짝 얹어
놓는다.

좌우
20회씩

앞

---

❷ 앞으로 내디딘 쪽의 다리
에 몸무게를 실은 상태로
무릎을 편다. 정강이는 가
능한 한 수직을 유지하자.

Training I - ④	좌우 **20**회씩

원 레그 스쿼트
ONE LEGGED SQUAT

❶
뒷다리의 무릎이 바닥
에 아슬아슬 닿도록
한쪽 다리를 앞으로
내디디고 윗몸을 앞으
로 기울인다.

좌우
20회씩

좌우 **20**회씩

원 레그 스쿼트(월)
ONE LEGGED SQUAT ON WALL

좌우
20
회 씩

❶ 벽을 뒤로하고 서서 한 쪽 발을 가볍게 앞으로 내디디고 또 한쪽 다리를 벽에 붙인다.

❷ 앞으로 내디딘 쪽의 다리에 몸무게를 실은 상태로 무릎을 구부려 간다. 정강이는 가능한 한 수직을 유지하자.

Point

무릎이 발가락 끝보다 앞으로 나오지 않도록 주의하자. 발뒤꿈치로 바닥을 누르듯이 하면 엉덩이와 넓적다리 안쪽 근육에 효과가 있다

좌우 **20**회씩

원 레그 스쿼트(밸런스)
ONE LEGGED SQUAT BALANCED

좌우
20
회 씩

Point 등줄기를 펴서 팔과 뒷다리가 일직선이 되는 모양으로 유지한다.

❶ 뒷다리의 무릎이 아슬아슬하게 바닥에 닿을락 말락 하도록 한쪽 다리를 앞으로 내디디고 윗몸을 앞으로 기울인다.

러닝맨
RUNNINGMAN

Point
달릴 때처럼 좌우 팔꿈
치를 교대로 빼며 리드
미컬하게 움직이자.

❶
직립 자세에서 한쪽 다
리를 크게 뒤로 뺀다. 앞
다리의 무릎을 가볍게
구부리고 몸무게의
80%를 싣는다.

앞

좌우

20회

❷
뒷다리의 무릎을 앞으로 올리며
같은 쪽 팔꿈치를 뒤로 당긴다.

---

❷ 등줄기를 펴고 앞으로 기울인 자
세를 유지한 상태로 뒷다리의 무
릎을 앞으로 올리고 달릴 때처럼
같은 쪽 팔꿈치를 뒤로 당긴다.

러닝맨(밸런스)
RUNNINGMAN BALANCED

❶
직립 자세에서 한쪽 다리를 크게
뒤로 뺀다. 앞다리의 무릎을 가볍
게 구부려 몸을 앞으로 기울이고
뒷다리를 위로 든다.

좌우

20회 씩

STEP 5-6 `05:00` STEP5에서는 오른쪽, 6에서는 왼쪽을 한다

Training I - ④ 20회

휴식 (30~90초)

STEP 9-10 `07:00` STEP9에서는 오른쪽, 10에서는 왼쪽을 한다

Training I - ⑥ 20회

무릎에 부담을 주지 않고 달릴 수 있는 다리를 만들기

Training I **MENU**

이 메뉴에서 주의해야 할 점은 에어 체어와 스쿼트 이외는 오른쪽과 왼쪽을 모두 해야 한다. 이를테면 스텝3-4라면 에어 체어+스쿼트+원 레그 스쿼트(오른쪽)→휴식, 에어 체어+스쿼트+원 레그 스쿼트(왼쪽)가 됩니다. 에어 체어와 스쿼트를 했으면 오른쪽 운동을 하고 휴식, 다시 에어 체어와 스쿼트를 했으면 이번에는 왼쪽 운동을 하고 휴식! 기억해 두세요.

STEP 11-12 `08:00`

Training I - ⑦ 20회

FINISH
TOTAL 41:30

STEP 13-14 `09:00`

Training I - ⑧ 20회

STEP 3-4 `04:00`   STEP 2 `01:30`   STEP 1 `01:00`

STEP3에서는 오른쪽, 4에서는 왼쪽을 한다.

Training I-③ 20회 ②   Training I-② 20회 ①   Training I-① 30초 ①

휴식 (30~90초)   +   휴식 (30~90초)   +

STEP 7-8 `06:00` STEP7에서는 오른쪽, 8에서는 왼쪽을 한다.

② ①   Training I-⑤ 20회   ④   ③   ② ①

휴식 (30~90초)   +   +   +   휴식 (30~90초)

STEP11에서는 오른쪽, 12에서는 왼쪽을 한다.

⑥   ⑤   ④   ③   ② ①

+   +   +   +   휴식 (30~90초)

STEP13에서는 오른쪽, 14에서는 왼쪽을 한다.

⑥   ⑤   ④   ③   ② ①

+   +   +   +

TRAINING ||

~~ıining I 걸大건 사~~

X 발가락 끝보다 앞으로 무릎이 나간다

X 무릎이 안으로 들어온다, 밖으로 나간다

X 발가락 끝이 안쪽과 바깥쪽을 향한다

Training II-①	**40**회

프론트 런지(이지)
FRONT LUNGE EASY LEVEL

손을 뒤에서 깍지 끼고 몸을 낮추는 느낌으로 한 발짝 앞으로 내디딘다. 원래 자세로 되돌아오면 또 한쪽 다리도 내디딘다. 좌우 교대로 반복한다.

Point

몸을 너무 앞으로 기울이지 않도록 주의합시다.

Training II-②	**40**회

프론트 런지
FRONT LUNGE

FRONT

손을 뒤에서 깍지 끼고 양 무릎의 각도가 직각이 되도록 크게 앞으로 내디딘다. 원래 자세로 되돌아오면 또 다른 한쪽의 다리도 내디딘다. 좌우 교대로 반복한다.

Point

몸을 너무 앞으로 기울이지 않도록 주의합시다.

프론트 런지(하드)
FRONT LUNGE HARD LEVEL

손을 뒤에서 깍지 끼고 몸을 낮추는 느낌으로 한 발짝 앞으로 내디딘다. 원래 자세로 되돌아오면 또 한쪽 다리도 내디딘다. 좌우 교대로 반복한다.

Point

크게 내디디면 무릎과 발가락 끝이 좌우로 어그러지거나 무릎이 앞으로 쑥 나오기 쉬우므로 주의합시다.

프론트 런지(하드, 핸즈 업)
FRONT LUNGE HARD LEVEL WITH HANDS UP

Point

손은 똑바로 위가 아니라 살짝 비스듬하게 위로 올리자.

손을 머리 위로 쭉 올리고 윗몸이 앞으로 기울어지지 않도록 가능한 한 크게 앞으로 내디딘다. 원래 자세로 되돌아오면 또 다른 한쪽 다리도 내디딘다. 좌우 교대로 반복한다.

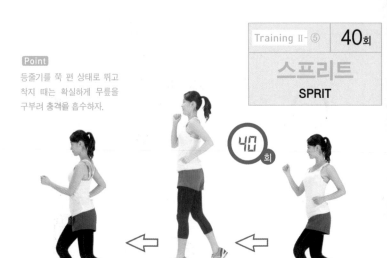

스프리트
SPRIT

Point
등줄기를 쭉 편 상태로 뛰고
착지 때는 확실하게 무릎을
구부려 **충격을** 흡수하자.

40회

❷ 가볍게 점프하고 팔꿈치와 다리의 앞뒤를 공중에서 바꾼다. 좌우 교대로 반복한다.

❶ 반 발자국 앞으로 내디디고 같은 쪽 팔꿈치를 뒤로 뺀다.

Point
등줄기를 쭉 편 상태로 뛰고
착지 때는 확실하게 무릎을
구부려 충격을 흡수하자.

FRONT

40회

Training II - ⑥ 40회

스프리트(하드)
SPRIT HARD LEVEL

❷ 가볍게 점프하고 팔꿈치와 다리의 앞뒤를 공중에서 바꾼다. 좌우 교대로 반복한다.

❶ 양 무릎의 각도가 직각이 되도록 크게 앞으로 내디디고 같은 쪽 팔꿈치를 뒤로 뺀다.

STEP 3 `03:30`   STEP 2 `02:30`   STEP 1 `01:30`

Training II - ③ 40회 ② ① Training II - ② 40회 ① Training II - ① 40회

휴식 (30~90초)   휴식 (30~90초)

STEP 4 `04:30`

Training II - ④ 40회 ③ ② ①

휴식 (30~90초)

STEP 5 `05:30`

Training II - ⑤ 40회 ④ ③ ② ①

휴식 (30~90초)

FINISH
TOTAL `24:00`   STEP 6 `06:30`

Training II - ⑥ 40회 ⑤ ④ ③ ② ①

휴식 (30~90초)

63 * 러너에게 늘 따라다니는 무릎과 허리 통증을 예방하자

무릎 통증의 대부분은 하반신의 근력과 유연성 저하가 원인입니다. 여기서는 넓적다리 바깥쪽에 있는 대퇴사두근이 목표입니다. 이 근육이 단련되어있으면 무릎의 움직임이 안정되어 관절에 괜한 부담을 주지 않습니다. 처음 달리는 사람과 운동을 하지 않고 살았던 사람, 근력에 자신이 없는 사람과 대퇴사두근의 근력 저하가 진행되는 25세 이상의 사람은 날마다 하면 좋습니다.

허리 통증을 막으려면 배가로근이라는 배 깊은 곳에 있는 근육이 목표입니다. 허리 주변을 꽉 조여 주는 배가로근이 느슨해지면 허리 근육과 관절에 부담을 주기 때문입니다. 배가로근은 운동경험이 별로 없는 사람이 움직이기에는 대단히 어렵습니다. 그러므로 이미 허리 통증이 있는 사람은 전문가의 지도를 받으며 통증이 가벼워질 때까지 근육운동을 하세요. 부족하게 느껴진다고 갑자기 자기식으로 고되게 하면 몸은 표층의 근육인 복직근에 의지하여 움직이기 때문에 배가로근에 자극이 가지 않고, 그다지 훈련이 되지 않습니다.

준비운동
PRE EXERCISE

잘 감은 수건에 한쪽 다리를 올
리고 바닥에 앉아 손을 뒤에 놓
는다. 천천히 무릎을 펴면서 느긋
하게 무릎의 힘을 푼다.

4초 동안 올린다 → 4초 동안 내린다

좌우 **20**회 씩

다리확장운동
LEG EXTENSION

의자에 앉아 한쪽 무릎을 천천
히 펴서 다리를 올렸다가 천천
히 내린다.

4초동안 올린다 → 4초 동안 내린다

좌우 **20**회 씩

의자에 앉아 한쪽 다리에 또
한쪽 다리를 얹는다. 아래쪽에
있는 다리로 위의 다리를 들어
올린다. 천천히 올리고 천천히
내린다.

**4초 동안 올린다
→ 4초 동안 내린다**

다리확장운동(하드)
LEG EXTENSION HARD LEVEL

좌우 **20**회 씩

배 심부근운동(이지)
BODY TRUNK EXERCISE EASY LEVE

위를 보고 반듯이 누워 무릎을
구부리고 양팔은 좌우로 가볍
게 펼쳐 놓는다. 허리를 위아래
로 들어 올렸다 내렸다 한다.

휘게 한 허리를 천천히
되돌리며 바닥에 밀어붙
이듯이 내린다.

허리를 들어 올리듯이
가능한 한 휘게 한다.

배 심부근운동
BODY TRUNK EXERCISE

위를 보고 반듯이 누워 무릎을 구부리고
양팔은 머리 위로 쭉 뻗는다. 허리를 위
아래로 들어 올렸다 내렸다 한다.

배 심부근운동(하드)
BODY TRUNK EXERCISE HARD LEVEL

20회 **× 2~3** 세트

위를 보고 반듯이 누워 양
팔을 머리 위로 쭉 뻗는다.
허리를 위아래로 들어 올렸
다 내렸다 한다.

허리를 들어 올리듯이 가능한
한 휘게 했으면 허리를 천천히
되돌리며 바닥에 밀어붙이듯
이 내린다.

배 심부근운동(이지) +크런치
BODY TRUNK EXERCISE HARD LEVEL + CRUNCH

10회 **× 2~3** 세트

위를 보고 반듯이 누워 무
릎을 구부리고 양팔을 머리
위로 쭉 뻗는다. 허리를 들
어 올리듯이 가능한 한 휘
게 했으면 허리를 천천히 되
돌리며 바닥에 밀어
붙이듯이 내린다.

❸ 팔을 움직이면서 윗몸을 천
천히 들어 올린다.

64 * 왜 <체지방이 빠지는 달리기>에 스트레칭이 필요한가

근육이 오그라져 있다, 즉 유연성이 없으면 관절이 움직일 수 있는 범위가 좁아지고 통증이 생기기 쉽습니다. 그 상태에서 몸을 움직이면 무리하게 늘어난 부위에 부담을 주게 되어 달리기가 싫어질 수도 있습니다. 거꾸로 유연성을 키우면 피로해소가 빨라서 다음에 또 달리고 싶은 의욕이 생깁니다. 달리기를 방해하는 부상과 동기부여 저하를 예방할 수 있다는 점에서도 운동 후에 오그라진 근육을 늘리는 일은 필요합니다. 근육은 길수록 유연성이 높고 짧으면 유연성이 낮습니다. 그리고 날마다 스트레칭을 하면 서서히 길어지므로 적어도 주 3일 이상 하는 습관을 들이기 바랍니다. 매일 단 몇 분의 스트레칭으로도 몸 상태가 좋아지고 익숙해지면 기분도 좋아집니다. 여기서는 스트레칭을 실행할 때의 포인트는 ①달린 직후 근육 온도가 내려가기 전에 ②약간 아프면서도 시원한 느낌이 있는 위치에서 멈춘다 ③늘렸으면 호흡을 멈추지 말고 20~30초 유지하는 3가지 점입니다.

기본 스트레칭

How to burn your body fat
in the most effective way

달리고 난 뒤에 최소한 꼭 하면 좋은 메뉴입니다. 여기서는 잊어버리기 쉬운 부위, 간단한 동작으로 잘 늘릴 수 있는 부위를 소개합니다. 특히 정강이와 발바닥은 대표적인 예입니다. 전체 몸무게를 지탱하고 있으므로 달릴 때마다 충격을 받아내고 있습니다. 늘려주는 습관이 없는 사람은 놀랄 정도로 딱딱한 부위입니다.

정강이 스트레칭
SHINS

좌우 30초씩

무릎을 꿇고 앉아 한쪽 손으로 무릎을 들어 올린다. 균형을 맞추기 어려운 사람은 다른 한쪽 손을 뒤에 둔다.

무릎을 꿇고 앉아 발가락 끝을 세우고 발뒤꿈치에 엉덩이를 올린다.

발바닥 스트레칭
FEET

3방향을 30초씩

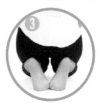

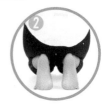

양발의 발가락 끝을 벌리고 발뒤꿈치를 붙이고 엉덩이를 올린다. 주로 엄지발가락 쪽을 늘린다.

양발의 발가락 끝을 서로 붙이고 발뒤꿈치는 좌우로 벌린 뒤 엉덩이를 올린다. 주로 새끼발가락 쪽을 늘린다.

좌우 다리를 평행으로 하고 발뒤꿈치에 엉덩이를 올린다. 전체를 늘린다.

241

기본자세

등줄기를 곧바르게 편
상태로 긴장을 풀고 책
상다리를 하고 앉는다.

넓적다리 안쪽
스트레칭
HAMSTRINGS

3방향을 30초씩 좌우 시행

Point

등줄기를 둥글게 하면 넓적다리 안쪽이 늘
어나지 않는다. 아랫배를 넓적다리와 가까워
지도록 하면 잘 된다.

② 윗몸을 앞으로 내린다. 늘리고 있는
다리의 발가락 끝을 잡자.

① 기본자세에서 한쪽 다리를 앞으로 쭉 펼친다.
다른 한쪽 다리를 넓적다리의 안쪽에 넣는다.

⑤ 발가락 끝이 안쪽으로 향하
도록 반대쪽 손으로 다리의
바깥쪽을 잡고 넓적다리 안
쪽을 늘린다.

④ 발가락 끝을 바깥쪽으로 벌
리고 같은 쪽 손으로 발바닥
중앙을 잡고 넓적다리 안쪽
을 늘린다. 윗몸을 확실하게
앞으로 내린다.

③ 넓적다리 안쪽에는 많은 근
육이 붙어있기 때문에 발가
락 끝의 방향을 바꾸어 늘
린다. 우선 발가락 끝을 위
쪽으로 당긴다.

넓적다리 바깥쪽 스트레칭
QUADRICEPS

좌우 30초씩

❶
기본자세에서 한쪽 다리를 옆으로 벌리고 무릎 아래를 뒤로 뻗는다.

❷
뒤로 뻗은 다리의 발가락 끝을 잡고 넓적다리 바깥쪽을 늘린다. 이때 몸을 반대쪽으로 비틀면 더 잘 늘어난다.

Point
등줄기를 똑바로 편 상태로 무릎을 뒤로 빼 발뒤꿈치를 엉덩이 쪽으로 가까이 가져오면 잘 늘어난다.

엉덩이, 넓적다리관절 스트레칭
HIP AND HIPJOINT

좌우 30초씩

❷
뻗은 다리의 넓적다리 바깥쪽을 바닥에 밀어붙이듯이 한다.

❶
기본자세에서 손을 앞에 두고 한쪽 다리를 뒤로 뻗는다.

Point 구부리고 있는 쪽 다리의 엉덩이와 늘리고 있는 다리의 넓적다리관절을 스트레칭 하고 있다.

이것은 시간 여유가 있을 때 같이 하면 좋은 메뉴입니다. 달리고 난 뒤에 몸의 측면과 골반 옆이 뻐근하고 목이 불편한 등 마음에 걸리는 부위가 있을 때 기본 스트레칭에 더하여 해 봅시다.

기본자세

등줄기를 똑바로 편 상태로 긴장을 풀고 책상다리를 하고 앉는다.

①
기본자세에서 한쪽 팔을 머리 위로 올리고 그대로 몸을 옆으로 기울여 몸의 옆면을 늘린다.

②
❶을 하면 엉덩이가 올라가는데 그곳을 계속 내리면서 더욱 몸을 옆으로 기울여 몸의 옆면을 늘린다.

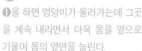

몸의 옆면 스트레칭
SIDE

좌우, 비스듬하게 앞으로 좌우를 30초

③
그대로 몸을 비스듬하게 앞 방향으로 기울인다. 등줄기 쪽이 늘어나는 것을 강하게 느끼자.

목 스트레칭

정면, 오른쪽, 왼쪽을 30초씩

NECK

한쪽 손을 허리에 두르고 또 한쪽 손을 머리 뒤쪽에 얹는다. 그대로 비스듬하게 앞으로 내리고, 목의 비스듬히 뒤쪽을 늘린다. 반대쪽도 마찬가지로 한다.

기본자세에서 머리 뒤에서 양손을 깍지 낀다. 팔꿈치를 정면으로 향하면서 팔의 무게를 사용해 목 뒤쪽을 늘린다.

넓적다리 안쪽과 옆면 스트레칭

좌우 30초씩

THIGHS

❷ 앞으로 내민 다리를 반대쪽 손으로 잡아 늘이고, 그대로 안쪽으로 쓰러뜨려 넓적다리 안쪽과 옆면을 늘린다.

❶ 기본자세에서 한쪽 다리를 앞으로 내밀고 같은 쪽 손을 뒤에 놓는다.

엉덩이, 허리 스트레칭
HIP AND BACK

좌우, 비틀어 좌우를 30초씩

❶
위를 보고 반듯이 누워
긴장을 푼다.

❷
한쪽 다리를 구부려
무릎을 잡아당긴다.

❸
잡아당긴 무릎을 안쪽으
로 내리며 팔을 뻗는다.
상반신을 반대쪽으로 비
틀어 엉덩이와 허리를 더
욱 늘린다.

Point

어깨가 위로 뜨지 않게 하면 더욱 잘 늘어난다.

넓적다리관절, 허리 스트레칭
HIPJOINT AND BACK

좌우 30초씩

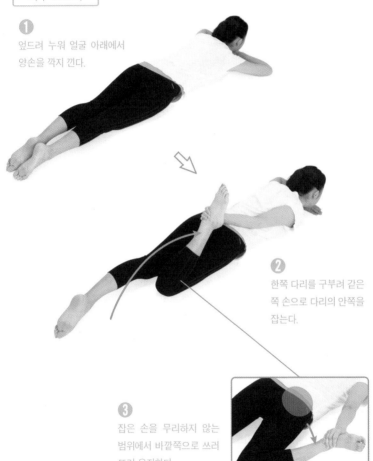

❶ 엎드려 누워 얼굴 아래에서 양손을 깍지 낀다.

❷ 한쪽 다리를 구부려 같은 쪽 손으로 다리의 안쪽을 잡는다.

❸ 잡은 손을 무리하지 않는 범위에서 바깥쪽으로 쓰러 뜨려 유지한다.

Point
반대쪽 허리가 가능한 한 위로 뜨지 않게 하면 더욱 잘 늘어난다.

〈체지방이 빠지는 달리기〉에 필요한 계산식과 1주 동안의 계획 다이어리입니다. 목표에 맞춘 운동계획을 계산식으로 세워 당신에게 가장 적합한 "1주 동안의 달리기"를 계획해 보세요. 목표는 한 주, 한 달마다 결과와 달성도, 몸의 상태, 몸무게의 변화를 보면서 수정해도 좋습니다. 다이어리의 메모난에는 음식과 운동, 몸의 상태와 생활습관에 관해 느낀 점과 반성할 점, 성장한 점, 달리기와 심신의 변화, 생각지도 못하게 잘 되었던 것 등 뭐라도 좋으니까 한 마디씩 적어 넣도록 합시다.

[현재의 목표]

- ( )개월 이내에 ( )kg의 체지방을 감량한다!
- 그러기 위해서는 1개월에 ( )킬로칼로리,
- 1주일에 ( )킬로칼로리를 달려서 소비하자!

[이 숫자를 기억하자! – ①]

- 자신의 몸무게(kg) × 달린 거리(km) ≒ 소비열량
- 체지방을 소비하는 데 필요한 에너지양은 1g = 7.2kcal
- 계산식의 예) 6개월 만에 6kg을 감량하고 싶은 경우,
  1개월에 약 1kg의 체지방을 빼는 계산이 된다.
- 1개월에 1000g × 7.2kcal = 7200kcal를 소비.
- 1주일에 7200kcal ÷ 4 = 1800kcal를 소비.
- 당신의 몸무게가 70kg인 경우, 1800kcal ÷ 70kg ≒ 25.72
- 1주일에 약 26km를 달리면 6개월에 6kg 감량의 계획이 선다.
- 7일 동안 26km를 달리는 계획을 세우고 왼쪽 노트에 적어 넣으세요.

[이 숫자를 기억하자! – ②]

살 빠지는 심박수 계산식(카르보넨 공식)

(220-나이-안정했을 때 심박수) × 0.6~0.8 + 안정했을 때 심박수 = 목표 심박수

※ 안정했을 때 심박수 〈30초 동안의 박동 × 2〉

이 다이어리를 필요한 만큼 복사하여 수첩이나 공책에 붙여 나만의 달리기 노트를 만든다.

• 〈달리기〉〈근육운동〉〈휴식〉은 그 날에 실행하는 또는 해당하는 항목에 ○로 표시한다.
• 〈달리기〉〈근육운동〉 난의 공백에는 실행할 예정 내용을 적어 넣는다.
• 나날의 〈MEMO〉난에는 몸 상태와 식생활, 칭찬할 점, 반성할 점 등 느낀 점을 기재한다.

년 월 일 요일 ● 달리기 _____ km ● 소요시간 : ● 근력운동 내용 : ● 계단 오르내리기 :	년 월 일 요일 ● 달리기 _____ km ● 소요시간 : ● 근력운동 내용 : ● 계단 오르내리기 :
년 월 일 요일 ● 달리기 _____ km ● 소요시간 : ● 근력운동 내용 : ● 계단 오르내리기 :	년 월 일 요일 ● 달리기 _____ km ● 소요시간 : ● 근력운동 내용 : ● 계단 오르내리기 :
년 월 일 요일 ● 달리기 _____ km ● 소요시간 : ● 근력운동 내용 : ● 계단 오르내리기 :	년 월 일 요일 ● 달리기 _____ km ● 소요시간 : ● 근력운동 내용 : ● 계단 오르내리기 :

년   월   일   요일
- 달리기 _____ km
- 소요시간 :
- 근력운동 내용 :
- 계단 오르내리기 :

년   월   일   요일
- 달리기 _____ km
- 소요시간 :
- 근력운동 내용 :
- 계단 오르내리기 :

년   월   일   요일
- 달리기 _____ km
- 소요시간 :
- 근력운동 내용 :
- 계단 오르내리기 :

년   월   일   요일
- 달리기 _____ km
- 소요시간 :
- 근력운동 내용 :
- 계단 오르내리기 :

년   월   일   요일
- 달리기 _____ km
- 소요시간 :
- 근력운동 내용 :
- 계단 오르내리기 :

년   월   일   요일
- 달리기 _____ km
- 소요시간 :
- 근력운동 내용 :
- 계단 오르내리기 :

년   월   일   요일
- 달리기 _____ km
- 소요시간 :
- 근력운동 내용 :
- 계단 오르내리기 :

년   월   일   요일
- 달리기 _____ km
- 소요시간 :
- 근력운동 내용 :
- 계단 오르내리기 :

년   월   일   요일

- 달리기 _____ km
- 소요시간 :
- 근력운동 내용 :
- 계단 오르내리기 :

년   월   일   요일

- 달리기 _____ km
- 소요시간 :
- 근력운동 내용 :
- 계단 오르내리기 :

년   월   일   요일

- 달리기 _____ km
- 소요시간 :
- 근력운동 내용 :
- 계단 오르내리기 :

년   월   일   요일

- 달리기 _____ km
- 소요시간 :
- 근력운동 내용 :
- 계단 오르내리기 :

년   월   일   요일

- 달리기 _____ km
- 소요시간 :
- 근력운동 내용 :
- 계단 오르내리기 :

년   월   일   요일

- 달리기 _____ km
- 소요시간 :
- 근력운동 내용 :
- 계단 오르내리기 :

년   월   일   요일

- 달리기 _____ km
- 소요시간 :
- 근력운동 내용 :
- 계단 오르내리기 :

년   월   일   요일

- 달리기 _____ km
- 소요시간 :
- 근력운동 내용 :
- 계단 오르내리기 :

년 월 일 요일	년 월 일 요일
● 달리기 _____ km	● 달리기 _____ km
● 소요시간 :	● 소요시간 :
● 근력운동 내용 :	● 근력운동 내용 :
● 계단 오르내리기 :	● 계단 오르내리기 :

년 월 일 요일	년 월 일 요일
● 달리기 _____ km	● 달리기 _____ km
● 소요시간 :	● 소요시간 :
● 근력운동 내용 :	● 근력운동 내용 :
● 계단 오르내리기 :	● 계단 오르내리기 :

년 월 일 요일	년 월 일 요일
● 달리기 _____ km	● 달리기 _____ km
● 소요시간 :	● 소요시간 :
● 근력운동 내용 :	● 근력운동 내용 :
● 계단 오르내리기 :	● 계단 오르내리기 :

년 월 일 요일	년 월 일 요일
● 달리기 _____ km	● 달리기 _____ km
● 소요시간 :	● 소요시간 :
● 근력운동 내용 :	● 근력운동 내용 :
● 계단 오르내리기 :	● 계단 오르내리기 :

년   월   일   요일
- 달리기 _____ km
- 소요시간 :
- 근력운동 내용 :
- 계단 오르내리기 :

년   월   일   요일
- 달리기 _____ km
- 소요시간 :
- 근력운동 내용 :
- 계단 오르내리기 :

년   월   일   요일
- 달리기 _____ km
- 소요시간 :
- 근력운동 내용 :
- 계단 오르내리기 :

년   월   일   요일
- 달리기 _____ km
- 소요시간 :
- 근력운동 내용 :
- 계단 오르내리기 :

년   월   일   요일
- 달리기 _____ km
- 소요시간 :
- 근력운동 내용 :
- 계단 오르내리기 :

년   월   일   요일
- 달리기 _____ km
- 소요시간 :
- 근력운동 내용 :
- 계단 오르내리기 :

년   월   일   요일
- 달리기 _____ km
- 소요시간 :
- 근력운동 내용 :
- 계단 오르내리기 :

년   월   일   요일
- 달리기 _____ km
- 소요시간 :
- 근력운동 내용 :
- 계단 오르내리기 :

맺으며

달리기로 다이어트에 성공한 사람의 대부분은 어떤 공통점이 있습니다. 그것은 달리기를 습관화하고 달리기가 좋아졌다는 것입니다. 오랜 세월 개인 트레이너로서 많은 고객을 접하며 수많은 실제 사례를 직접 보아왔기 때문에 알게 된 것입니다.

이 책을 손에 쥔 분들의 대부분은

"달리기 전에 ○○을 먹으면 더욱 살이 빠진다"

"달릴 때 ○○을 하면 더욱 살이 빠진다"

등과 같이 "손쉽고 획기적인 효과를 얻을 수 있는 비책이 잔뜩 실린 책"이라는 생각을 하지 않았을까요.

분명 그런 항목도 있지만, 살을 빼는 데 성공하는 가장 큰 포인트는 "계속하는" 것이라고 나는 생각합니다. 이 책에서는 달리는 것에서 얻을 수 있는 효과를 높이면서 최대한 끄집어낼 수 있는 운동생리학적인 비결과 함께 지속하는 데 필요한 것을 다수 소개했습니다.

달리는 일이 좋아지기까지는 사람마다 각각의 과정이 있습니다.

처음에는 살을 빼기 위해 마지못해 억지로 달려도 괜찮습니다. 계속하는 사이에 몸의 변화, 기분의 변화, 살 빠지는 효율 상승 등 사소한 변화가 찾아옵니다. 이것이 동기부여로 이어지고 마지못해 억지로 했던 달리기가 즐거워집니다. 또한, 하고자 하는 의욕도 샘솟게 되고 "달리는 일"을 즐겁게 계속할 수 있게 되겠지요.

저 자신도 언제부턴가 달리는 일이 아주 좋아진 한 사람입니다. 단 최근에는 분주해서 차로 이동할 때 길에서 달리는 사람을 보면 '기분 좋겠다, 나도 지금 뛰고 싶다, 하지만 오늘은 ○시까지 일이니까 달릴 수 없을지도 몰라'라며 생각만 하고 있습니다. 프로 트레이너라는 입장이지만 항상 확실하게 시간 관리 하며 일도 여가도 충실히 하는 분들을 보면 정말 존경하게 됩니다. 아무래도 저의 〈체지방이빠지는 달리기〉에는 이 책에 소개한 내용에 더하여 달리기 위한 시간을 만드는 시간 관리 항목도 필요할 것 같습니다.

달리기가 아직 좋아지지 않았다, 습관화할 수 없다는 분들이 이 책을 읽고 "이것이라면 나도 변할 수 있을지도 몰라"라고 조금이라도 자신의 희망을 높이는 동기부여의 양식으로 삼아주신다면 저자로서 정말 기쁠 것입니다. 그리고 달리기가 습관이 되어 생활에 없어서는 안 되는 일과 중 하나가 된다면 더할 나위 없습니다.

고맙습니다.

나카노 제임스 슈이치

SEKAIICHI YASERU HASHIRIKATA by Nakano James Shuichi
© Nakano James Shuichi 2015
Original Japanese edition published by Sunmark Publishing, Inc.
All rights reserved.
This Korean language edition is published by Sunmark Publishing, Inc., Tokyo
c/o Tuttle-Mori Agency, Inc., Tokyo through ENTERS KOREA Co., Ltd., Seoul

체지방이
빠지는 **달리기**

초판 1쇄 발행 · 2016년 4월 30일
개정판 1쇄 발행 · 2022년 2월 28일
지은이 · 나카노 제임스 슈이치
옮긴이 · 정숙경
펴낸이 · 권영주
펴낸곳 · 스트로베리
디자인 · design mari
출판등록 · 제 396-2014-000075호
주소 · 경기도 고양시 일산서구 중앙로 1455
전화 · 070·7524·6122
팩스 · 070·7554·6133
이메일 · jip2013@naver.com
ISBN · 979-11-85653-85-3 (13690)